U0926544

# 古韵平顺

郭俊明　著

山西古籍出版社

# 目录

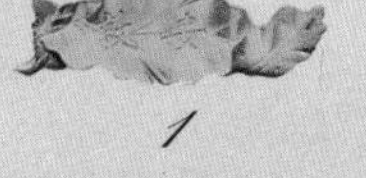

# 目录

001 明慧大师塔（唐）

# 平顺寺院

## 一 千古一塔——明慧大师塔

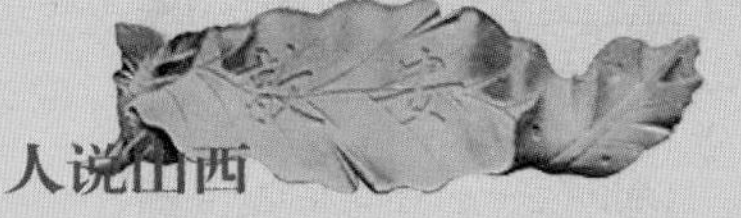

人说山西

## 【1 迷离海会寺】

从悬崖的挂壁公路可以看到虹霓大峡谷。雾气浓重，谷深不见底。即使车轮轻轻从石路上碾过，仿佛也可以听到大峡谷里的回声。在大峡谷的尽头，看到虹霓河从峡谷中潺潺流出，玉带一般飘然东去。在一个叫虹霓村的小村子前面，它突然落入一个峡谷。这个峡谷齐崖断壁，刀削斧劈，来得毫无预兆。虹霓河水突然折断，水流直下，珠玉飞溅，一年四季，虹霓与太阳同生，七彩绚丽，蔚为壮观。水声在南北西三面的山上折回之后，重又在谷底聚集，顺着那一条峡谷轰然东去。

然而，这个小村是宁静的。鸡声悠悠，犬声也悠悠。河边白杨树的叶子生也无声，落也无声。跨过虹霓河上的小石桥，就进了村子。人家并不很稠密，像所有的小山村一样，房院错落稀疏，还闻得到一股原始的炊烟的清香。在一块场院一样平坦的空地面前，看到几块青石。再往后就是山，山上种着花椒树，再往后，还是山，山峰沉默，这山叫紫峰山。

*002 太行人家与海会寺*

一千多年前，这里曾有过一座寺——海会寺（史书上有时说海慧院，有时说海慧寺，也说海会寺或海会院）。

但现在，除了那一座明慧大师塔，一切遗迹全无。

然而，它确切地存在过。当时的皇帝赐东至相州林滤县大礓础石为界、西至七里岚大崖下为界、南至大崖、北至大崖下为界。也就是说，这一片谷地全是海会寺的土地。当时这个地方属张井里。塔上的明慧大师铭记明白写着：紫峰山海会院明慧大师铭记。就是

*003 曾经的海会寺遗址*

说，立这座塔的时候，海会院明明已经存在了。

明崇祯年间（1628～1643年），一个叫石鼎臣的人，还写过一首游海会寺的诗，他写道：

曲径盘旋直接天，
梵王宫阙白云边。
两山滴翠袈裟冷，
一道溪流几席沂。
花落鸟啼曾舍寂，
香清茶熟客亭宣。
几度坐来尘念息，
愿抛书剑学金仙。

从这首诗里看，梵王宫阙白云边，确是有过的。那么，海会寺为什么会消失得无影无踪呢？这得问奉命建塔的崇昭和尚，但他没有留下片言只语。只有明慧大师塔静静地立在那里，以沉默的方式表示这座寺院曾经的存在。

从明慧大师塔现在所处的位置，村前那一片平坦的空地应是海会寺的门前，寺应该是依山而建。从这一片空地往上，就该是寺的山门，照着惯例，应该有台阶。那残存的几块青石，也许就是石阶的余留，因为现在的农田就是呈台阶状的。但是一座寺院，纵然是消失，也不会消失得这样干脆利落。

答案也许就在明慧大师塔上。

004 明慧大师塔正面

## 【2 关于崇昭】

崇昭的身世我们一无所知。明慧大师在一个叫渌水山的地方招徒纳僧，剃度了自己认为能成正果的得意弟子共二十人，其僧十七，尼三，崇昭是其中之一。明慧大师死后，崇昭奉命——这里是奉命，还不是一般的弟子为师傅建造这一座塔。也就是他奉命之后，来到张井里，也许是这里的空山静音，流水峡谷让他动心，于是他向皇帝报告。皇帝一定是根据他的报告才把这里的所有土地全都赐给了明慧大师。崇昭就在这里开始为大师建塔。

塔上的碑文成于后唐长兴三年（932 年），从时间上看，从建塔开始到这块碑石的最后完成，经历了整整 56 年。56 年的时间不可能只建了一座塔，也许在造塔的同时，也开始建造海会寺。有皇帝的赐命，建造这么一座寺院，当不是一件难事。然而，塔是绝世精美，寺却不见踪影。塔是那样精工细雕，寺不应该那么潦潦草草地收场，以至于踪影全无。

碑文开头就写道：峭拔之机，超然物外，即有我大师也。这是对明慧大师的一个总的评价概括。这篇碑文是否崇昭所写，不得而知。上面只是说讫崇昭小师等捧舍利，奉命持建斯塔。奉命，奉谁的命，碑文上也没说。后来崇昭也不见了，寺院也不见半点香火痕迹。从皇帝当时赐予的土地来看，既不算小，也不算瘦，完全可以养活一座不小的寺院。而它离林县是那样近，香火繁盛并

005 螭龙

006 曾经有过别的塔的塔顶

不难。崇昭到哪里去了？倘若海会寺香火繁盛，那就不可能只有崇昭一个人。以他的地位，后来人也应该为他建塔，哪怕是一座小小的墓塔。

在海会寺的遗址上，有着一个小小的青石塔帽，表示着曾经还有过其他的塔，但塔身哪里去了？为什么只留下一个小小的塔帽？而且从那塔帽看，做工并不很精细，只是凿出一个形状，与明慧大师塔的工艺有天壤之别。而且即使是建过塔，塔也并不高大，如果为崇昭建塔，不可能那么小。至少他是位于明慧大师之后的第一人，何况在这里还呆了那么长的时间。

那个小小的青石塔帽也以沉默的方式表示着曾经的存在。

## 【3 唐僖宗与明慧大师】

唐僖宗李儇即位的时候，离唐武宗禁佛的年代还不远，佛教的元气还没有复尽。他执政的时候年龄还小，权力在大臣手里，南牙、北司互相矛盾，他说的话常常不算数，就是诏书，也大都是一纸空文。大唐帝国到了他的手里，真是英雄一去豪华尽，兵魂销尽国魂空，别说是强弩之末，恐怕连箭也射不出了。自懿宗以来奢侈日甚，用兵不息，赋敛愈急。唐僖宗上台的当年就爆发了王仙芝的农民起义，引发一场大的唐末农民战争。

唐僖宗在位的15年里，改过好几次年号，“乾符” 这个年号算是用的长的。在乾符四年（877年），王仙芝的所谓农民起义军如火如荼，黄巢也起来了，天下乱得一塌糊涂，他也没有什么好办法。就在这一年，明慧大师被杀。倘是一般被贼寇所杀，在那样的年代里也没有大奇的。奇怪的是，皇帝很快知道了这个消息。明慧大师塔的碑文里用了一个含糊的说法：天有祥瑞，焕曜明帝，主乃知伤道人矣（晋时多称佛家弟子为道人，唐代也称佛家弟子为上人，不知这时为什么还把明慧大师称做道人，或许是在避讳什么）。如果不是杜撰，那么就是有人把这个消息报告了皇帝，所谓“天有祥瑞，焕曜明帝”，不过是一个隐喻说法而已。同时也可以说，明慧大师在皇帝心里还是一个重要的人。

明慧大师和唐僖宗之间有关系吗？

当地的老百姓传说，明慧大师曾是皇帝的师傅。那么是哪一个皇帝的师傅？

从明慧大师的经历来看，他被杀时的年龄已经不算小了，而唐僖宗的年龄尚小，他是一个年少的皇帝。明慧大师当过唐僖宗的师傅？从时间上看，明慧大师到上党地区时，唐僖宗至少还是一个幼童，根本不会记事。就算当过唐僖宗的师傅，他也不会记得，或者说在唐僖宗即位前和即位后都不会发挥什么重要作用。至少也不会和唐僖宗之间有那样的心灵感应。

唐僖宗是在懿宗死后即位的，没有什么麻烦，算是正常接班，而且似乎也没有什么篡位之嫌，也没有人要篡他的位。即使有宫廷斗争，也不会牵连到明慧大师头上。懿宗在位的最后一年，迎过一次佛骨，像宪宗迎佛骨一样，朝中也有人反对。懿宗态度很坚决，说是迎回佛骨，死而无憾，这样的意志下面，别人反对也没用。佛骨迎回，懿宗不久就撒手人间，也真的是死而无憾了。在这样的背景下，皇帝关注一个高僧也属情理之中的事。但这高僧必须是名满天下的高僧，明慧大师是否在那时是名满天下呢？

“明慧大师”是他死后皇帝给他的谥号。从谥号上看，僖宗对明慧大师充满着敬佩之情。不然不会既给他谥号，又命人给他建塔，又赐予海会寺土地。如果这是真的，那么明慧大师与僖宗之间确有某种关系。但这种关系是一个谜。

*007 虹霓大峡谷*

## 【4 保广与明慧大师】

保广是杀明慧大师的直接凶手。碑文只说保广是贼寇，这是一个宽泛的称呼，在那个贼寇盛行的年代里，一切打家劫舍直至起兵造反的人都可以说是贼寇。但从碑文的记载上看，这个保广却是有来历的。保广对明慧大师的杀害显然是有准备的行动，所以有人事先告诉明慧大师，并让他回避。明慧大师的回答是：吾久于生死心不怖焉，若被所诛，偿夙愿矣。是谁知道保广的行动，又是谁告诉了明慧大师，仅从一个碑文无从知晓。从明慧大师的话里，分明可以感到他和保广之间有一种关系。一个佛界大师，无论如何不会把自己被一个贼寇所杀看成是正果之道。然而，明慧大师确是被保广杀害了，地点是在黎城的延庆院。

明慧大师死的日期是正月十三，上元节在即，想必是处处张灯结彩。月将满，天色净，在这样的时刻，明慧大师从容死去。一个怀着那样心绪的人，面对保广的屠刀，不会惊慌，只有从容就死。这验证了报告的正确，然而这个报告凶信的人没有留下名字，他的消息是来自于保广本人，还是来自于其他人，向大师报告凶信的和向皇帝报告凶信的是不是同一个人？他的身份让人生出无穷猜测。

有一种传说，保广和明慧大师原是同乡，后来，明慧大师出家，保广从军。保广之杀明慧大师是基于他们之间的仇恨。人与人之间的仇之大不过杀父之仇，恨之大不过夺妻之恨。明慧大师很早就出家做了和尚，他们之间就算是结过点仇，那也不过是小孩子之间的仇，不至于到若干年后非杀他以报仇雪恨的地步。

008 孤峰耸立

一个修行到明慧大师那种境界的僧人，“久于生死心不怖”——这是再正常不过的事。可是面对着将要死于保广之手，却说是：偿夙愿矣。这真让人费解。死于一个贼寇之手，还说是“偿夙愿矣”。这是一个什么样的夙愿啊！唐武宗会昌五年（845年）的灭佛，距离明慧大师被害并不太远，离他更近的还有懿宗的迎佛骨。这两件事应该都会在他的心上留下深刻的印象。至于与他有什么更紧密更复杂的关系，那就无人知晓了。

还有一种可能。明慧大师与保广毫无关系。所谓“偿夙愿矣”，不过是明慧大师基于佛教里因果轮回报应之说，认为前世已与保广有此宿债，此生偿还而已。

碑文里还有几个字耐人寻味：有人师之保广贼寇，欲害于师。“有人师之保广”，难道保广后面还有人？这个人是指使保广加害于明慧大师的幕后操纵者？如果是这样，那么保广本人和明慧大师之间也许并没有什么关系，他不过是受人指使而已。

保广是一个什么样的贼寇，连个传说也没有，可见他就是当江洋大盗也没有当到份上。既然他无迹可寻，那他后面的人也就更加不好找寻了。

## 【5 追寻明慧大师】

除了确切的生卒年代，明慧大师塔上的碑文把明慧大师一生的活动和事迹已经说得很清楚。他原姓颜，名举，山东临沂人。出身儒门，算是书香门第。出家修行似乎是他幼时的信念，“幼怀聪颖，性自不群，每压繁尘，志求出离。”是由于家学深厚呢，还是出于社会动乱不得已呢，或许是两者兼而有之吧，总之是他很早就出了家，当了和尚，最初是在一个叫鹤林寺的地方落发为僧，并且一开始就受了足戒。鹤林寺在燕台（也有可能是在山东烟台，那里有一座燕台山），幽州台也叫燕台，在河北。但一个小小的鹤林寺不能满足他，他开始周游。他的足迹遍及江、浙、淮、洪，他的愿望是遍访名能，广乎知见，在这样的周游之中，他遇到一个大师，得传心印，也就是得了真传，成了得意弟子，这就要承担起传承师傅学说的职责。于是他于淮、洪之地北上，途中经过潞州，来到黎城县的松池院（《潞安府志》上载松池院在黎城宋家庄），在心禅观住了下来。在这个地方呆了两三年，重新开始云游，又到渌水山（现处何地，不详），在这里为众启禅。这时的他已经名声大振，四方僧众纷纷来投。潞州节度使李宾大概是一个极信佛的人，用自己的俸资创修了一座寺院——延庆院（《潞安府志》载延庆院在黎城南关），请明慧大师（那会儿他还不是明慧大师）住持，这样，他就在延庆院呆了下来。

李宾任潞州节度使的时间大约在唐懿宗咸通元年（860 年），到明慧大师被害，最多也不过 15 年左右。李宾的任期在咸通年间（860 ~ 873 年）就结束了，而且他的任期很短。乾符四年的节度使是李可举和高湜，他们和李宾之间还隔着好几任，因此，他们和李宾之间不可能有什么直接的恩怨，即使有，也不可能撒在一个僧人身上。

从明慧大师游历的地方看，他没有到过长安。他只是从河北（或山东）东去，然后再北上。他的北上好像是奉命，因为以他的志向，他应该留在江、浙一带，毕竟那里是高僧汇集的地方。他路过潞州的时候（也可能曾路过彰德〈今河南安阳〉），人顺道化，遂诣黎城县松池院。这里强调一种缘分，但也似乎是什么人指点他去的。

除了潞州节度使慕名请他主持延庆院外（碑文上说是命师住持），一个命字，多少有点强迫的意思。他和官方没有什么来往，更不用说是皇帝了。李宾大约在匆匆建起延庆院后就离任了，和明慧大师也没有什么深交。至于后来的节度使，也没有和他交往的记录。因为那个时候，天下已经乱得可以。

保广杀害明慧大师究竟出于什么目的，已无从查考。不像是一般的劫掠，也不像是针对佛教的专门行动。因为这时离唐懿宗的迎佛并不远，官方不会专门打击佛教。但保广的针对性和目的性非常明显。这就让人怀疑他是受人派遣，那么是受什么人的派遣？

历史是由无数的谜组成的，这不过是一个小小的谜。

## 【6 明慧大师塔远眺】

夏言对自己的王朝是尽忠尽心的，他设了两关，并亲自撰写了关铭。虹梯关铭的碑就竖在一个叫碑滩（当时不一定叫碑滩）的小村子里。如果他再往前走一段路，他就会看到明慧大师塔。他是否看到过，不得而知，反正他没有提到，也许在他的眼里，只有“石崖攀天，仄蹬千回。仰瞻失明，俯临蔽霾。铁壁勾连，谽谺中开。观者骇魄，行子心摧”的惊叹与感喟。太行山的雄险征服了他，也许他已经走到虹霓大峡谷前面，听到河水跌落的轰响。如果他抬头一望，就看到那一座庄重而宁静的青石塔。

海会寺如果存在过，那么它是背靠着紫峰山，面临着虹霓河。明慧大师塔的位置，应该在寺院的中心，还不像宋代以后塔不再是寺院建筑的主体。这也是情理之中的事，因为崇昭的首要任务是建塔而不是建寺。在雄丽的背景下面，高 6 米的明慧大师塔似乎并不显得高大。它通体用青石雕造，方形，单檐五迭四柱式，覆钵尖锥顶。这座五代时期原构的方形石塔，为中国现存石塔所仅有。在《中国古代建筑史》的书页上，它以线描的形象表明了它的位置和价值。它的基座为简朴的四方形，没有饰纹和雕刻，只刻出几个简单的方形，给人以立地千秋，万世不毁的感觉，也让人想起明慧大师临死不惧、从容不迫的气度。基座上面的塔身依然是四方形，在两重四方形的托举下，那塔尖就有刺破青天的力度。它以这样的气度和力度逼

**题明惠大师塔·陈广斌**

海会圣院今何在？此处空留明惠塔。
大师敖骨死如归，杜鹃如血年年发。

*009 《中国古代建筑史》中的明慧大师塔线描图*

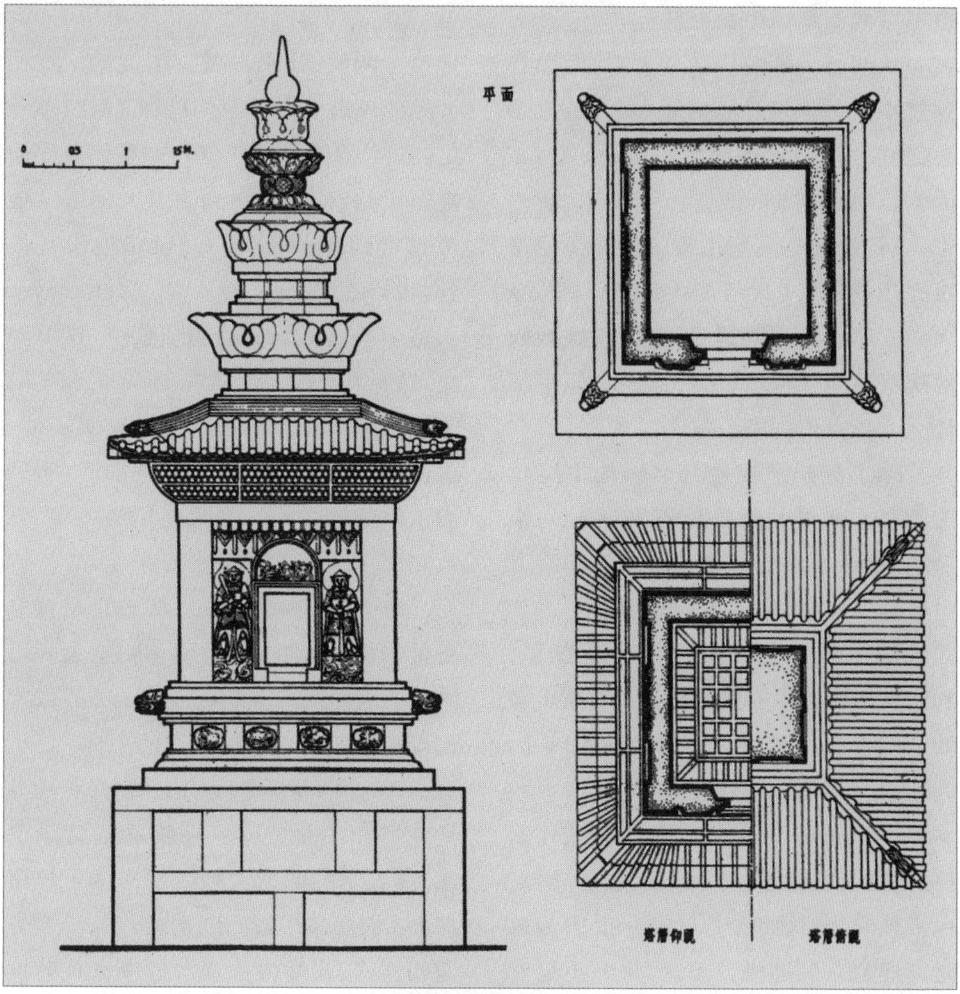

平面

塔檐仰视　塔檐俯视

得紫峰山往后退去，把人的目光紧紧地吸在它的身上。崇昭是深知他的师傅的，这样的塔对明慧大师是适宜的。在战乱频仍、动荡不安的唐末和五代，建造这样的石塔，是明慧大师精神的感召还是崇昭本人的内在追求，或许两者兼而有之吧。

明慧大师塔有着高超的建筑艺术构想，有着高超的雕造工艺。它的设计者绝非一般的僧人，它的目的似乎也并不简单地为一个高僧建安身之处，而它的建造雕刻水平也绝非一般的工匠所能达到。它有着深厚的佛教文化与东方文化内涵，承载了比它自身所体现的更多的人文价值。

## 【7空　间】

010 明慧大师塔塔身

011 塔刹

明慧大师塔赢得了一个时代，它所拥有的时间和空间从那个时代开始无限地延伸和扩展，其意义也许已经超过塔本身。基座上面的塔身是空心塔身，作为一个佛家信徒，心的虚空是容的前提。不虚不空则无法包容，去尽一切俗念，佛才可以驻留心中。

塔身的正面辟门，门的两边雕着两个金刚武士，饱满而有力。他们不能守护明慧大师的生前，却可以守护着他身后的香火。在饱满而充满着刚力的同时，他们的神态也很安详，甚至是有点若有所思的样子。大师是死在血雨腥风之中的，但大师本身是安详的，因此他的灵魂也是安详的，金刚武士不必再剑拔弩张，他们把力量以这种神情表现出来，对于大师，也许是最适宜的。

门的上方，雕着3个艺人。他们或吹奏，或舞蹈，人物形象活泼生动，线条流畅。相对于大师的死，相对于整个塔

012 明慧大师塔上的乐人

的庄重与从容，这多少有点不协调。但，这是极乐世界里的事。不论大师以什么样的方式走进那个世界，结果都是一样的。因为，在大师的生前，这个世界就已经属于他。这是一种欢乐，也是一种颂扬。对于大师来说，同样也是适宜的。

塔身的左右两边，雕刻着两个窗户，窗棂是菱形的。除了两个窗户，别无任何装饰。塔身内的空间正是通过这两个窗户向外扩展的。八面来风可以自由地吹进吹出，四面青山，门前流水，嘤嘤鸟语，袅袅花香，与它连成一体。

塔身的背后，便是后唐长兴三年（932 年）的石碑一块。上面的碑文记载了明慧大师简略的一生。言词简练，文采飞动，当非俗人所撰。只是大师遇害一事，说得过于简略，似有难言之隐，不过作为碑文，也只能如此。这碑，是先刻文后嵌碑的呢，还是先嵌碑后刻文的，

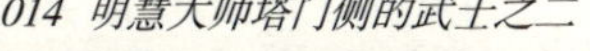

013 明慧大师塔门侧的武士之一

014 明慧大师塔门侧的武士之二

这就不知道了。后唐长兴三年，距离大师死去已经五十多年，在落下最后一个字的时候，大师的在天之灵，一定为之震动。

015 明慧大师塔塔檐

也许，走进那道门那才是明慧大师的空间。

有一种宿命，不会使它的香火那么旺盛。

明慧大师涉江渡淮，世面也算是见过了，可是他在黎城的松池院住了下来。虽然碑文上说的渌水山不知今在何处，他内心里的宁静，是他的灵魂，找到了一个安身立命的场所。明慧大师没有留下什么著作，我们无从知道他属于哪一个教派。但他死后所拥有的一切，也就是他生前拥有的一切。

与这个空间相比，外面的东西尽管简略，也还是太繁盛了。

在塔腰雕刻的吉祥兽里，有一个狮子样（仅仅是头像一点）的爪子面前推着（也许是玩耍）的一个东西，正好和那个孤零零的塔帽一样的东西差不多。不知道这是一种巧合还是一种故意。顺便说一句，从那些吉祥兽的雕刻刀法看来，不论是设计者，还是操作者，他们的心态都是十分平和的。不然，那些线条不会那么从容，而那神态，同样也是那么从容。

相对那饱满有力、顶天立地的武士，门就显得略小了一些。但，这不是世俗之门，原不是为俗人所设。在这大山

016 明慧大师塔门的石窗棂

017 记载明慧大师生平的碑文

018 明慧大师塔吉祥兽

从中，它需要的只是一种宁静，对香火原没有那么多的欲求。当目光走进里面，看到的仍是那么简朴的空间，四周没有装饰，像无限延伸着的虚空。香火还是留下痕迹，透过重重香火遗迹才可以看到那原始的青色，岁月浓重得一眼看不透。也许塔的下面有一个地宫，那是安放大师身体的地方。而这个空间，是安放大师灵魂的地方，所以空得无所不包。

如果把它无限放大，站在中央，仰望上天，可以看得见一个一个的方格。这方格与塔身一样，沉着，坚实。在许多个方格的中间，有一个大的方形，在这一个大的方形中间刻意雕出一个六角形。六角形里是一朵莲花。线条匀称有力而齐整。这样的布局使天空突然变得高远，它比星空更加深邃。在那个年代，“天圆地方”的天文观念早已成定局，可是它的天却是方的，那一朵莲花让那方形的天，充满了生机，也更加纯净。

时光仿佛在那一层檐上打了一个结，结成斑斑青苔，萋萋荒草。这也是岁月停留的一种方式。天蓝得透明的时候，那荒草是挺拔的，而在凄风苦雨的时候，青苔将它丝丝缕缕地凝结。这层檐界分了塔身与塔刹，它把雨雪挡在塔身这个空灵的世界之上，同时托起另一个世界。

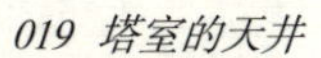
019 塔室的天井

刹，在梵文里是“土田”和“国”，在佛教里引申为“佛国”，那是至高无上的所在。如同塔本身一样，塔刹也由刹座、刹身、刹顶组成。在塔的建筑上，它标志着一座塔的完成，是塔的最后展示。

刹座是方形的，承接着塔身的庄重。莲花也是方形的，瓣尖舒展地张开，在含蓄中体现出舒张，仿佛大师生前的灵秀与聪颖。

刹身呈八角形柱体，顶着八角形的莲花。五代时期，塔的建筑已由唐的四方形向六角形、八角形变化。这个八角形也许正体现了这种变化。如同塔身内的天井，方形与六角形相结合，塔刹是由四方形变化到八角形。

八角形再往上，莲花成为圆形。也许这是圆满而完美的一种标志。

四方形——八角形——圆形——尖形，由庄重的存在到佛国的永恒。这也许正是这个塔刹所要告诉这个世界的。背后的高山，面前的流水，脚下的大地，头顶的蓝天，此刻全被它所拥有。

*020 塔刹*

大师的完美正是由这高山流水、蓝天大地组成的。

*021 天台庵*

平顺寺院

## 二 苍茫古寺——天台庵

人说山西

## 【1 一个人和一个村庄的传说】

在《说唐》、《隋唐演义》、《隋唐英雄传》里，马三保是一个随李世民南北征战的英雄。京剧里也有马三保的戏，像《千秋岭》，周信芳专门有一出戏就叫《马三保》。《旧唐书》里对他有一个简略的记载：“马三宝，初以平京城功，拜太子监门率。别击叛胡刘拔真于北山，破之。又从平薛仁杲，迁左骁卫将军。复从柴绍击吐谷浑于岷州，先锋陷阵，斩其名王，前后虏男女数千口，累封新兴县公。尝从幸司竹，高祖顾谓三宝曰：‘是汝建英雄之处，卫青大不恶！’累除左骁卫大将军。贞观三年卒。太宗为之废朝，谥曰忠。”在“平阳公主”的列传里，马三保还是一个家僮。照说，马三保是李世民手下的大将，平阳公主是李世民的三女儿，她可以领兵打仗的时候，李世民已经不会很小，马三保怎么会到她手下当家僮呢。

也许，正史是对的，不过，传说比它更生动一点。平顺县关于马三保的传说是这样的：马三保出世前，他的父亲马跃就梦见有一个金盔金甲的红脸大汉

022 连环洞

*023 神堂修建碑记*

口称玉帝旨意前来告知有武曲星下凡投胎于马家，马跃醒来，媳妇即生下一个大胖小子。这是他的第三个儿子，他毫无灵性地给孩子起了一个名字——三保。看样子，他并没有把梦见的东西当回事。马三保成人后，投到李世民帐下，南征北战，屡建奇功。李世民做了皇帝，把马三保封为开国公。马三保对自己的家乡多有钟爱，从这点上看，他投奔李世民的时间不会太早。有一日上朝，他想起了自己的家，想让李世民也到自己家乡看一看。于是，他上奏说：新丰村，三里长，一里一个观音堂。八十一个藏兵洞，七十二股倒流水。上天梯，下天蹬，七堂八庙九狮蹲。九龙戏珠大云院，山中古景醉死人。

新丰村，便是马三保的老家。李世民起家于太原，想必对山西这个地方还是有些感情。这等美好的地方，当然也可以去看一看。于是，起驾成行。

大约是将到新丰村之际，李世民听到空中的一阵奇异的鸟叫声，他命停驾，抬头一望，原是一只凤凰。普天下皆为王土，李世民当然也这么认为。他命人把凤凰捉来，但是这凤凰高飞而去，捉凤凰的人败兴而归。这样的吉祥鸟竟然不能归于皇帝，李世民当然不高兴。

*024 藏兵洞*

*025 太行水乡柳树湾*

仿佛感觉到什么不祥，新丰在他眼里也就不像马三保说的那样美。这一趟很让李世民扫兴。

马三保有一个儿子叫马士魁，能文能武，很得马三保的宠爱。李世民登基之后开科取士，武科夺武状元。马士魁上场应试。监考官是马三保和程咬金，这两人都随李世民征战过。校场上，马士魁还算争气，连胜十场。不料，最后一场让一个女扮男装的常秀英挑落下马。这公子原本心高气傲，受不了这口气，竟想暗算常秀英，那常秀英非平常之辈，这点暗算反成了马士魁丧命之机。

爱子痛失，马三保悲痛欲绝，但他究竟是身经百战，且又有国公之尊，一个公字当先。当场宣布常秀英报国之心可嘉，武艺超群，为当年武科状元。马士魁败后暗算别人丧生，咎由自取。

李世民朝中有一个大臣叫刘鸿，马三保不知道怎么得罪了他。李世民新丰一游本来就扫兴，他就趁机参了一本，说是马三保“拐驾”。马三保随李世民征战多年，李世民不可能不知道马三保的为人，况且以他之明，这件事也不至于怪罪于马三保。但，马三保因此贬为庶人。这刘鸿意犹未尽，还派人到新丰村挖了马三保家的祖坟，并且在村子四周撒上石灰，让它寸草不生。于是，新丰村就成了“石灰村”——它现在叫“实会村”，据说这是由“石灰村”演变而来的。

马三保的管家对这件事很不平，马三保待他恩深意厚，他也知恩图报，幸而他的村子还没有村名，为给马三保鸣不平，给自己的村子起了一个名字——王屈。也就是马国公受屈的意思。现在，它演变成——王曲。在一个管家，杀不掉刘鸿，此举也算是为主子出了一口恶气。

从《旧唐书》的记载看，马三保并没有受此委屈，他死后，李世民还为之废朝，可见当时还可能在位。再说，马三保死于贞观三年（629 年），李世民还没有到随便就把一个国公处理成这个样子的地步。关于他的名字，《旧唐书》里记的和传说的不一样，恐怕未必就是一个人，但，这两个村子是实在存在着的。

事实上，天台庵离实会村还有十几里路，它建在了王曲。

**地方名片·平顺县**

平顺县位于山西省境东南，居太行山之巅，东接河北、河南二省，面积1550平方公里。辖5镇7乡，人口16．7万人。县人民政府驻青羊镇。

明嘉靖八年（1529年），陈卿农民起义被平息后置县，嘉靖皇帝取“平顺百世之泽”之意，赐名平顺县，属潞安府。清乾隆二十九年（1764年），改为平顺乡。1912年复置平顺县。1941年属晋冀鲁豫边区太行行署第四专区。1949年属长治专区。1960年复平顺县，属晋东南专区。1967年属晋东南地区。1985年属长治市至今。

境内交通以临汾甘亭至林州河口干线为主。

矿产资源丰富，蕴藏有铁、硅、大理石、石膏等，铁矿储量2424万吨，硅矿储量26亿吨，居亚洲储量之最。平顺还是潞党参的原产地，是中国“大红袍花椒”之乡。

“大禹治水”、“王莽赶刘秀”、“唐王追窦王”、“李白登太行”、《水经注·浊漳水》等史实和传说，均出于平顺。现存六处全国重点文物保护单位，九处山西省重点文物保护单位，以及汉寨、唐堡、赵长城等1556处文物古迹，从中折射出中华民族悠久璀璨的历史文化。

平顺奇山秀水，风光如画。境内四大峡谷千峰竞秀、万壑争绿，悬瀑飞泻、碧波荡漾，被国家旅游界专家赞誉为“华北平原巨型天然雕塑盆景”。

平顺人杰地灵，英雄辈出。新中国成立后第一个互助组的组建者、爱国丰产运动的首创者——李顺达；举起男女同工同酬大旗的第一人、全国惟一的一至十届人大代表——申纪兰等时代楷模，吸引着千千万万的海内外人士慕名而来。1990年，西沟展览馆被山西省人民政府命名为爱国主义教育基地。

平顺县坚持科学发展观，提出“生态立县、工业富县、旅游活县、科教兴县”，把旅游业作为全县的“四大战略”之一，目前已开发了红色西沟、太行水乡、天脊山、井底民俗度假村四大景区。文物古迹和自然风光旅游，已渐呈方兴未艾之势。

## 【2 天台溯踪】

佛教由印度传入中国，天台宗是在中国形成最早、也是最完备的一个教派。它始创于北齐慧文大师，更早还可以推到大乘八宗共祖的龙树。龙树似乎并不是天生的佛门弟子，年轻的时候曾和朋友潜入王宫中戏论宫女，后来，他的朋友全都被杀了，这时他才意识到欲乐的大害，从此进了佛门。不过，他一进佛门就显出与众不同的灵性，于九十日间便能通达小乘三藏。据说，慧文大师读到《大智度论》卷二十七：“三智实在一心中得”之文及《中论》卷四：“因缘所生法，我说即是空，亦名为假名，亦名中道义”之偈，朗然悟入龙树即空即假即中之妙理，因而创立一心三观法门。就连天台宗的集大成者智者大师也说：归命龙树师。可见，龙树是天台宗的鼻祖。

慧文的思想通过慧思，传给了智者大师（当时他的法号是智觊）。

慧思禅师的弟子很多，但得其心印者唯有智觊一人。智觊从慧思学习法华三昧共八载，在智者到瓦宫寺的临别之际，慧思告诉他说：“吾久羡南衡，恨法无所委，汝粗行其门，甚适我愿。吾解不谢汝，缘当相辑。今以付属汝，汝可乘法逗缘，传灯化物，莫作最后断种也。”可见慧思是把智觊看作是可传自己心印的弟子。

智者大师出生于江陵，因出生时有种种灵瑞之兆，故小名王莲，又叫光道，后取字德安。幼年聪慧，喜到寺院拜佛听经。他长到 15 岁的时候，家国多难，战乱纷起，父母双亡，家庭破产，遂于江陵城北长沙寺佛像前发愿，立志出家作沙门，以弘扬佛法为己任。在那样的一个时代，似乎只有这样一个选择才可以避开痛苦。他投其母舅湘州果愿寺沙门法诸大师出家。法诸定其法号智觊。20 岁从慧旷禅师受比丘戒，学习戒律，兼学方等。又诣湖北衡州大贤山专诵《法华三经（即法华经）》、《无量义经》、《观普贤引法经》，历时两旬，即穷三经奥义密旨。

陈文帝天嘉元年（560 年），智觊 23 岁，遥闻禅师慧思行深名高，禅慧兼具，风德盖世，所以他冒着战火连绵，时有殒命之险的情形，前往元州（今湖北钟祥县境）大苏山（现在大别山一脉，名为莫山）顶拜慧思禅师为师。慧思禅师眼识英才，曰：“昔在灵山，同听法华，宿缘所追，今复来矣。”因教修法华三昧，演说《法华》四安乐行。持诵《法华经》。由于精勤心切，一日诵《法华经·药王品》诸佛同赞：“是真精进，是名真法供养如来”句时，身心豁然寂而入定，智光焕发。“若高辉之临幽谷”，智者将所悟之境告诉慧思时，深得慧思之赞许。慧思赞叹说：“非尔弗证，非我莫识……纵令文字之饰千群万象，寻汝之辨不可穷矣。於说法人中最为第一。”

陈废帝光大元年（567 年），智觊 30 岁，他在慧思处学法 7 年，夜以继日，勤学苦练。《佛祖统记》说他：“切柏代香，柏尽继之以栗；卷帘进月，月没燎之以松。”当他向慧思辞行时，慧思说：“汝与陈国有缘往必利益。”智觊谨遵师训拜别慧思，与法喜等 27 名僧人到南朝陈国都城金陵（今南京市）弘法，住锡瓦宫寺。智者大师在金陵弘法 8 年，其间金陵之高僧大德，名师宿学贵人居士，对他的演讲辩论，无不心悦诚服。当他在瓦宫寺开讲《法华经》时，“帝敕停朝一日，令群臣往听”，这说明智者大师在

**题天台庵·陈广斌**

攀越鸟道上天台，千年古庵灵光在。
举目太行山壁立，腑首浊漳河水来。
好风好月沐禅心，奇山奇水绝尘埃。
唐碑斑驳风雨磨，惹得游人几度猜。

陈朝受到特殊的待遇。

陈宣帝太建七年（575年），38岁的智者大师，闻天台幽胜，宜于静修，遂决定至天台山潜心诵经修禅，完成自己的愿行。是年秋，尽管陈宣帝有敕旨挽留，仆射徐陵三立诤求住，但智者大师仍然启程而去。于天台北峰立造伽蓝，陈宣帝命名为“修禅寺”。他在此一住10年，天台教学之基础也由此而建立了。

天台幽幽，以它的宁静和灵秀，接纳了一代大师，成就了一代宗师的大业。后来的隋晋王杨广，对智者大师优礼有加，几次恭请大师，曾在扬州设千僧会，恭请智者大师授菩萨戒，智者说：“大王纡遵圣禁，名曰总持。”晋王说：“大师传佛法灯，称为智者。”从此，“智者大师”的名号，即广为人知。最后，智者大师病逝于赴杨广之约的途中。杨广对智者大师还是有感情的，专门为纪念大师创立天台寺。不过，他即位当皇帝之后，这寺就叫国清寺了。

隋唐时期，是佛教兴盛的时期。但，好景也没有多长，唐会昌五年（845年）唐武宗的灭佛，使佛教受到严重的打

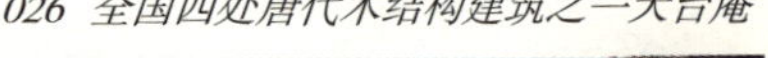
026 全国四处唐代木结构建筑之一天台庵

击。所幸的是，江南一代，得吴越王钱氏的保护，天台尚留一脉，但亦是“命若游丝”之状。后来，还是钱氏的后人遣使到高丽（今朝鲜）访求天台教典。高丽沙门谛观送来了若干论疏和著述，获得内外兼备的天台宗，因而使天台宗教典由湮灭而复兴。

时光悠悠，过了几百年，在远离天台山的太行山里，出现了一座小小的天台庵。这是天台的余脉呢，还是天台复兴的灵光？

## 【3 苍茫古寺】

漳河西来，河水在这里变得宁静而平缓。天台庵也是宁静的，面临着河水，背靠着青山。与它遥遥相对的是河对岸的原起寺，这是一座始建于唐天宝六年（747年）的古寺，比天台庵的建筑年代要早一百五十多年。天宝年间，虽开元盛世已过，但还尚有余威。到天台庵始建的唐天祐四年（907年），大唐帝国已

027 五台山南禅寺

028 高台之上的天台庵

经奄奄一息，命若游丝，正像唐武宗灭佛后的天台宗。

关于天台庵，没有传说。

它与河对岸的原起寺有没有关系？是不是原起寺的僧人所建？还有，它的建立与当年的马国公以及马国公的管家有没有关系？这都没有答案。

它来自遥远的天台山，它是天台山的一脉。它让人想起五台山的南禅寺大佛殿。南禅寺重建于唐德宗建中三年（782年），比天台庵早二十多年。也许，是天台山的僧人，为了不让天台宗教派再毁于兵火战乱和官方剿灭，为了保存天台宗的教义和香火，把目光投向了北方的深山。南禅寺重建于那个时间，但始建的时间应该更早，只是无从查考。

有一点可以肯定，南禅寺的始建时间应该比天台庵更早。南禅寺建成之后，天台僧人从五台山南下，那时候，天

下已经乱得不成样子，他们必须在一个安全宁静的地方呆下来，把天台宗的教脉传下去。他们也许看到了河对岸的原起寺，听到了原起寺的暮鼓晨钟。青山相对，河水脉脉，林木森森，鸟鸣山幽。兵火战乱似乎离这里很远。

他们把五台山南禅寺的建筑构想带到这里，于是，一座新寺开始动工兴建。他们没有依山建寺，而是建在一个坛形孤山上，四周青石砌岸，高于平地8米，是不是他们要用这个坛形孤山表示天台？他们的心境想必是从容的，他们不会在这里草草地修建他们心中的圣地。

当然，这只是一个猜测。确切的是：几十年过去，一座寺庵悄然挺立在漳河岸边。它的外形和内部结构与五台山南禅寺如出一辙，仿佛是同一个梦。它所在的村庄，就是王曲。天台山的幽幽钟声，经过千万里的跋涉与传承，终于在太行山鸣响。时光的苍茫，凝固在斑驳无迹的碑文上，谁也无法再辨认。由此开始，沿漳河东去形成一条天台庵、大云院、龙门寺相连的古建筑带，就像是漳河串起的一串古建筑明珠，在太行深处把光芒洒在中国古建筑史的书页上。

## 【4 独步天台】

托起天台庵的是一座坛形孤山，从

029 天台庵后门

山基的不规则的碎石泥土看，可能是千万年冲积或堆积而成。它把天台庵高高地托起，似乎准备着承接人间的香火。但，它又以某种方式拒绝着人间香火。它坐北朝南，可是要进入却得从后门或者说是从侧后门。它不像许多寺院那样，正门大开，长长的高高的石阶迎着八方香客，让人在体味庄严的时候也体味到豪华。天台庵不是这样。青石台阶并不宽大，不适宜成群结队，在石阶的底部，看到的是天台庵的背影，在体味到它坚实的基础的时候，同时也闻到松柏的清香。对于见惯了一进山门就进香的香客来说，这样的进入方式的确有点特别。

也许，它并不是为香火而建。

石阶连着一个并不宽大的门，在这个门前，稍一驻足，心也就沉静下来。松

墙柏壁，挡住了俗世间的烟火，能带来天外音信的是来来往往翻飞的鸟儿。如果精确地计算，整个坛东西宽 15 米，南北长 26 米，面积 390 平方米。院内仅有唐碑一通。从松柏的树形看，它比它们更古老。照着常例，这碑应该是天台庵的建寺铭记。可是，碑上的文字已被岁月磨蚀殆尽，无法辨认，留给人们的只是茫然。所以，人们无法从碑文上知道，这个院子的面积数字有着什么含义，为什么没有建在东边的凤凰山上，而要建在村子中央。

032 天台庵唐碑

唐碑，高约 2.5 米，阔 80 厘米，厚 25 厘米。螭龙圆首。碑首和两个侧面雕刻着佛像。神态娴静，体态雍容，一派唐人风度。有趣的是在碑首上有一个人面雕刻，据说这在唐碑里是十分少见的。碑照例是被赑屃驮着的，与碑首和碑侧的佛像不同，它却有点龇牙咧嘴，头半昂着，扭向一边，仿佛很不满意自己的差事。这个神态，给这个千年古碑，也给这碑上留下的苍茫岁月，添了一丝生动。它虽是背负沉重，但

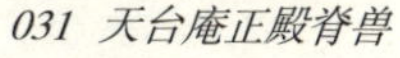

031 天台庵正殿脊兽

030 石狮之一

033 石狮之二

034 天台庵内部梁架结构

036 天台庵正殿转角铺作

看样子它随时可以把背上的东西掀翻，并不是一个沉重的样子。

这通碑，只能告诉人们这么多。

没有香火缭绕，没有经幡飞扬。石铺的甬道上，就如同进门石阶一样，人迹依稀。院子显得有些寥落，也显得寥廓。在松柏下，东望凤凰山，西望漳河。两者都是沉默无语。

站在院子的最南端，回首一望，天台庵正殿一览无余。这时，会有一道灵

035 天台庵屋顶左琉璃鸱吻

光一闪，它从厚厚的中国古建筑史的书页里走出来，告诉人们：这是典型的唐代的木结构建筑，中国仅存四处，这是其中之一。

天台庵正殿建在一个三级台阶方形平台上，面阔三间，进深四椽，屋檐深远，屋坡平缓，台明宽敞，滴水台下。殿堂为单檐歇山顶，九脊十兽盖，瓦条堆砌脊，脊刹是一对背向吞脊兽为基，连串宝珠结顶。鸱吻也是一对相向吞脊兽，尾巴高高跷起，并有一爪伸向天空，高于尾巴。檐柱低矮，收杀明显，柱高小于间宽，四周中檐柱均有较大侧脚，角柱有明显升起。柱础为莲花覆盆式，斗

037 太行水乡

栱总高为柱高的二分之一，昂头呈直线五瓣式，补间无斗栱铺作，泥道栱假刻在柱头枋上。栌斗顱弧较大，腰部横截面小于底面。它的平面是一个正方形。整个殿宇结构合理，简洁淳朴，既无重叠构件，也无虚设之弊，为我国唐代小型佛殿中的佳构。

这样的形象它展示了一千多年。

## 【5 回　响】

从那一座孤零零的唐碑想像，天台庵建成之后，没有大规模地修葺过，只有过局部的零星的维修。20 世纪 70 年

代，有关专家鉴定为晚唐建筑，随之平顺县革命委员会设立了文物保护标志，虽然只是一块木板上写了几行文字。当时的平顺县县委书记和革命委员会主任是全国闻名的劳动模范李顺达。这在那个年代是一个十分罕见的举动，在那样一个动荡的年代还能做到这么一件事，实在是不容易的。

也许，有那么一位大师主持建成之后，他和他的工匠们一起离开了这里。他期望着有一位大师在这里把天台教义发扬光大，希望这里香火兴盛。但，他可能没有想到，从他走后，再没有一位大师在这里住过，更没有人在这里修成正果。如果有，那么这里还该有舍利塔，至少也应该有墓冢。他们不会仅仅为了在这里保存一个建筑标本。

谜底也许就在那座碑上，可是那文字已化做一缕清梦，溶入历史长河，无从翻检和查阅。只有那佛像端坐，仿佛曾经有过的大师在那里参禅打坐，多少烟云从他面前飘过，然而他只是闭口无言。

039 天台庵里的佛像

青山，良田。

河水，清泉。

松涛，柳烟。

马三保真的没有在皇帝面前说谎，新丰村和当时还无名的王曲村确是一个好地方。但，它们没有靠近天台庵。它们以自己选定的方式，把它们选定的神排竖在天台庵的周围。这或许是因为天台庵的高傲，或许是因为它们对天台庵的敬畏。世俗没有侵蚀了天台庵，才让它完整地存在一千多年。因为院子里没有多得数不清的善男信女，没有熏得人睁不开眼的香火青烟，它宁静地走过了一千多年。

038 “文革”期间所立“文物古迹保护标志”牌

龙王庙建起来了。

040 桥上的神堂

药王庙建起来了。

关公庙建起来了。

观音堂建起来了。

他们都是和人们生活紧紧相关的诸路神仙。他们关乎他们的最切身的痛痒，甚至生死。于是，人们走进了这些庙堂，把天台庵冷落在一旁。天台庵里只有一座佛像，而且小得可怜，与它的历史毫不相称，香火寥落得几乎等于没有。确实，天台庵里的一切都离他们很远，很远，他们只能望见一个遥远的影子，好像永远也走不近他，他们只能放弃。通红的落日在西边的漳河水上烧着，尘世的日子依然喧嚣，永世不竭。

041 金灯寺全景

# 平顺寺院

## 三 金灯烟雨——金灯寺

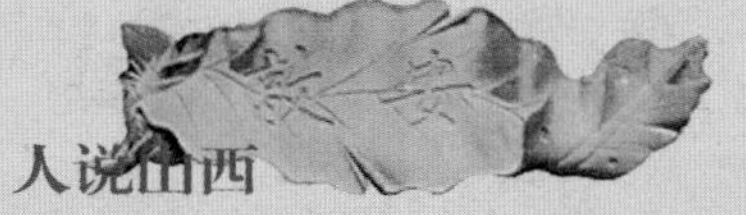

人说山西

## 【1 芊禅师与一只老虎】

芊禅师（那时候他还不是芊禅师）系彰德府（今河南安阳）曹马村人，最初出家于山西兴国寺（此寺在何处，不祥）为僧，法名静真，拜名师清果膝下为徒。在兴国寺呆了一些日子，又到山西悬山寺修身养性，在这个寺里，他食菜三年，食糠三年，食麸三年，后又到陕西两当庵中，食枣与水两月，食净水一月，以成正果。此后他出庵云游，以化斋为生。有一日黄昏，天气骤变，雨雪交加，非常寒冷，他便走进一个石窟，暂避风雪。由于劳累，躺下便呼呼大睡，一觉醒来，感到非常温暖，用手一摸，竟摸到一个长毛动物。定神一看，原来是一只老虎，躺在地上一动不动，气息奄奄，看来是饿坏了。芊禅师便把自己化来的斋饭喂给老虎吃。从此，芊禅师每天到外面化了斋饭，带回来给老虎吃，不久，老虎恢复了健康，可以自己觅食了。芊禅师决定离开这里，到别处去云游。不料，他前面走，老虎紧跟在他的后面，不肯

042 金灯寺外景

离去，怎么也甩不掉，芊禅师遂与虎为伴，云游四方。

一个和尚和一只老虎云游，在人们的眼里，芊禅师不是一个一般的化斋和尚，也许就是一个神。即使芊禅师不说明自己化斋的目的，人们也不会怠慢他。让人们想不到的是，芊禅师化来的钱财，从不带在身上，而是见河投河，见井投井。大概也会有好事之徒，或是懒汉二流子跟在他身后打捞过那些钱财，但一无所获。仿佛有一种神秘的东西把那些钱财带到一个同样神秘的地方，那个地方在哪儿，芊禅师没有说过，谁也不知道。

在芊禅师看来，这只虎，也许有着特别的意义。以他已成正果之身，肯定会有所感悟。照他修行的年头来看，这时候的芊禅师年龄不会太小。不知是这只虎的指引还是佛祖对他的提示，他来到了林滤山。

这个时代正是北齐。

莽莽苍苍的太行山，以天下之脊的雄姿，挺立于中原。群峰壁立，鬼斧神工；雄险高峻，风云际会。林滤山位于太行腹地，壁立千仞，地势雄险。芊禅师在一个巨大的石壁陡崖面前停住了脚步。它像刀削一般高耸百丈，直入云间。栈道如丝，不可攀援。东西两侧皆是高山峻岭，人迹茫茫，只可以听得见风的怒号，云的回响。鹰盘鸟廻，凄厉之声不

043 金灯寺佛塔

绝。芊禅师身边的老虎一声怒吼，群山震颤。也许是神灵的提示，芊禅师和他的老虎有如神助一样居然攀上了这巨崖峭壁。

中国的佛教石窟的开凿始于北魏时期，到北齐的时候，长河滚滚，已经有百年之多，正是兴旺时期。以芊禅师的修行经历，且又是已成正果之身，必对石窟了解甚多。于是，他决定在这里停留下来，这里，既是修身参禅的好所在，也是开凿石窟、安设尊仪的理想圣地。

从这个时候起，芊禅师才成为芊禅师，也叫芊上人，“上人” 是上德之人也。佛家谓内有德智，外有胜行，在人之上，故名上人。晋时称释子多曰道人。鲍明远始有秋日示休上人诗。能改斋漫录曰：“唐人多以僧为上人。”在此之前，他是静真。

芊，用来形容草木繁盛。宋玉的《高唐赋》里，有“仰视山巅，萧何芊芊，炫

耀虹霓”的句子，李周翰注：“芊芊，山色也。”从这巨崖峭壁的下面仰视，确也可以看到“肃何芊芊，炫耀虹霓”的景象，芊禅师在灿烂的山色中，神姿仙态，腾云驾雾，飘然来去。从这点看，芊禅师大约就是到林滤山之后才成为芊禅师的。

芊禅师和虎的故事，或许是从佛祖“以身饲虎”的故事中衍化而来。在佛教的传说里，常有虎与僧人相伴的故事。据传说，法显大师从建康北上的时候，就是和一只虎在一起，他最后坐化也是和虎在一起。不过在这里是禅师救虎，虎依禅师，连为一体。至于他的苦行修身，这在佛教徒里也是常有的。时代

044 仿木的石刻门窗

045 石栏杆上的石狮子

久远的时候，就连刻在石头上的碑记，也带着浓厚的传说成分。而也正因为年代的久远，传说也就成了一种真实。

## 【2 石窟一览】

金灯寺并不是一座单纯的寺院，它是由寺和石窟组成，虽然孰先孰后无法细察，但石窟和木结构建筑浑然一体，相映生辉。

金灯寺石窟占地 2000 余平方米，为山西省第二大石窟。该石窟坐北向南，依石崖开凿而成。故东西长，南北狭，形成长条形的平面。金灯寺由东往西共分 7 个内院，各院均有殿堂建筑自成一局，石窟就造在北侧岩壁之间，共计 14 个洞窟、佛龛造像八躯、殿宇三十余间、石碑 40 通、窟内造像近千尊。其中 70 厘米以上的石雕像 200 尊，依庭

046 刻在石崖上的佛像

048 石壁上的佛像

院渐进为序，北壁窟龛自东向西编排。

第1窟居1进院北侧，外观为仿木结构的三间殿堂式，依山崖雕造而成，当心间辟门，两次间雕坎墙、直窗棂，檐柱八角形，柱础覆盆式，柱头置额枋，上雕一斗二升，麻叶形耍头承托屋檐。窟内雕“凹”字形佛坛，正面“三大士”为主佛（文殊菩萨殿）左右八大菩萨及二金刚胁侍，周围墙壁上雕满小佛像，风化脱落，沿存少许，造型手法皆明清风格。窟内藻井覆斗式，平面较大，与早期窟顶斜面偏大之制略异。

第2、3、4窟位于1、2进院北壁，外观皆为仿木结构三间殿堂式，只是规模稍小，造像除第3窟神像装束外，其皆为一佛二弟子，窟内藻井同第一窟。

第3进院全为木构殿堂，无窟龛造像。正殿五间，额“延年之寿”。左右为

047 石窟外景

049 仿木的石刻屋檐与斗栱

051 水陆殿里的三圣像

2层楼阁，原奉观音、地藏二菩萨，今像不存，民国年间重修。

第5窟位于第4进院北侧，是整个金灯寺石窟的中心区。北崖窟龛3层，第5、6、7三窟叠置，其间还布列着2～8号7个浅雕佛龛。第5窟居北窟下部，规模略大，宽10.2米，内深9.2米，内高4.89米，外檐门窗俱备，檐头勾滴齐全。仿木结构三间殿堂，门前阶级5步，可踏入窟内。窟内分内、外阵，前部左右各立一根八角石柱；后部由上通窟顶的大背屏区割，使窟内形成了面阔进深皆三间的布局，八角柱下施以覆莲式柱础，柱头以上均以仿木结构雕出平板枋、额枋及一斗二升交麻叶斗栱，其上与窟顶相连接。背屏就原岩体凿成，前坐三世佛雕像和两躯体态甚小的胁侍像，背光剖在平面上。背屏后有三尊菩萨像，外阵除前壁无雕饰外，绝大部分是"水陆画"浮雕，皆为减地平钑，刻工精致。画面上有帝释天、大梵天、鬼子母、四天王、十六明王、护法善神、北极紫微大帝、南极天皇大帝、东华帝君、金丹元君、后土圣母、五岳大帝、三官大帝、四海龙王、文昌大帝，往右为帝君王公、后妃宫女、文武贤臣、僧尼女冠、贤妇烈女等。集儒、道、释的仙佛众神于一堂，汇民间三教信仰于一体。故此窟又名"水陆殿"。关于"水陆殿"名称，清顺治五年（1648年）《重修水陆殿及库楼庑记》载：盖周围之坦金如坻，是陆也；中央之潭

050 金灯寺水陆殿外景

052 石崖上的石刻佛像

澄清是水也。乃自水而观之，小桥卧乎波心，巨柱擎乎绝顶是水中有陆也；自陆而观，则宝龛之影倒沉，万佛之影下映，是陆中皆水也。帆不涨于渡口，人尽行乎镜中，水耶，陆耶，不一也，而二二而一耶。

第6、7两窟居第五窟之上，并列凿造，在第5窟和6、7窟之间，有2～6号5个佛龛并列，尖拱形，内雕一佛二胁侍成五列小坐佛。在第6窟下方和第5窟西隅各有一浅龛，编号为7、8龛，内雕三佛并列和单身佛像，为三世佛和释迦牟尼佛像。

第8窟位于第5进院东北山崖下，外观为小三间殿堂式，窟内造太山神佛三尊。

第9窟居第5进院西北隅，凿在半崖上，距地面2.5米，窟前置石阶九级，窟外观为小三间殿堂式，窟内正面雕三佛并坐像，左右四菩萨协侍，雕工技巧纯熟，部分佛像被毁。

第10～14窟位于第六进院北侧，分上下两层，第10～12窟并列于下层，第13、14两窟并列于上层，5窟皆为仿木结构殿堂式，辟方门洞，置直窗棂，内饰四斜面覆斗式藻井。第10～12窟内佛像残缺不全，第13、14窟居地面过高，无法详查。

第7进院，原是寺内法藏阁居所，俗称内院，从现存遗迹仍可窥见原来的规模宏大，气势非凡。

中国北方地区的石窟凿建，大体上分为四个时期，第一个时期为公元5~6世纪，这是北方地区石窟开凿的盛期，洞窟形制多大像窟、佛殿窟、塔庙窟，也有少量的禅窟和禅窟群。第二个时期为公元7~8世纪。主要盛行佛殿窟、大像

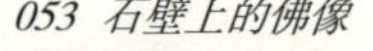

053 石壁上的佛像

054 石崖上的石刻佛像

窟，较晚出现佛坛窟。第三个时期为公元 9~10 世纪，石窟开凿逐渐衰落，石窟形制模拟地上佛殿的情况日益显著，佛殿窟后面凿出了背屏，窟前接建木构堂阁的做法开始流行。第四个时期即自 11 世纪之后，开凿石窟的地点愈来愈少。

金灯寺石窟始于北齐，盛于明代，在中国石窟建筑史上它是最后的一个石窟群，而它的石窟雕像也是中国石窟雕像艺术最晚的一处。也就是说，金灯寺石窟是中国石窟的凿建艺术和雕像艺术的残韵余波。也许，这也正是它的价值所在。

## 《 3 峭壁上的水陆道场 》

峭壁上有一个深深的水潭，这或许是一个奇观。前面说过，第 5 窟是整个金灯寺石窟的中心地区。也许，它是最早开凿的一个洞窟。走进第 5 窟，就可以听得到汩汩泉声，脚下是一个水潭，清澈见底，那水纯得一尘不染。它是天水，从天而来，在这峭壁上悄然落下，滋润了这千年古寺的香火，让它在这大山

深处熠熠生辉。

想像它是最早开凿的一个洞窟，不仅是那水，而且是因为一个谜。

当初，芊禅师和他的老虎，走千村，过万家，募化来的钱财见水投水，见河投河，从不带在身上。那么，它们都哪里去了？芊禅师为什么要把它们投到水里，而不是寄存于某个可以实际存放的地方？

谜底就在这个洞窟里。

这当然是一个充满着神性的传说，但不妨相信这是真的。

原来，芊禅师投进河里水里的钱财，都通过一道神秘的水脉运送，从这峭壁上的泉眼里流了出来。芊禅师就是用这些钱财来凿建这些石窟。

芊禅师显然是受了天命，或是受了

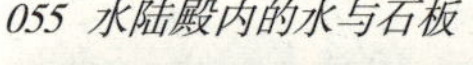

055 水陆殿内的水与石板

056 米钵

佛祖之命，来这里为佛祖、也是为万千众生设立安身立命之所。这是芊禅师和神之间的默契。

当芊禅师和他的老虎一起登上这巨崖峭壁的时候，他一眼就看到这个神秘的所在。在一个同样的神秘的时刻，他拨开一道石缝，这石缝里流出了泉水和钱财。这就是真正的灵脉，神的灵脉。他落下了第一锤，从此，这里响起叮叮当当的锤声，漫长的石窟开凿历程就此起航。

工程越做越大，参与的人也越来越多。从落下第一响锤声，芊禅师就成了一个指挥者。四面八方的工匠艺人投到他的门下，凿造着神圣的殿堂。不过，在那些工匠艺人的心里，这不过是他们干活的一个场所，他们靠他的手艺和力气养家糊口。

芊禅师不必担心，钱财会从那泉眼里源源不断地流出来。除去那个泉眼，芊禅师还凿了一个米钵，一个面钵，全是青石。一泉两钵，吃用不缺，而且取之不尽，用之不竭。

在芊禅师的有生之年，这个洞窟凿成什么样子，无迹可寻。对这个洞窟最

后的描述是在清顺治五年（1648年）《重修水陆殿及库楼庑记》，前面已经述过，不妨再引一次：盖周围之坦金如坻，是陆也；中央之潭澄清是水也。乃自水而观之，小桥卧乎波心，巨柱擎乎绝顶是水中有陆也；自陆而观，则宝龛之影倒沉，万佛之影下映，是陆中皆水也。帆不涨于渡口，人尽行乎镜中，水耶，陆耶，不一也，而二二而一耶。

由这个碑记，这个洞窟被命名为：水陆殿，也叫水罗殿。从这个碑记上看，那一次的重修，工程并不小，只是不会再从泉水里涌出钱财来了。

从外形上看，它是仿地上佛殿，门窗俱全，柱檐枋栱齐备。在石窟的建筑史上，石窟模仿地上佛殿的做法，年代愈晚愈突出，而且石窟内外都雕出仿木结构。根据这个特点，即使没有那个碑记，也可以推断出它重修的年代。

进得门来，便可看到“田”字形石板桥，它联结着窟门、左右壁及扇面墙前后和居中的佛台。脚下清水如碧，觉得是在水上行。泉声从石窟的西北角的石井中涌出，在静静的石窟中清晰入耳。由陆观水，由水观陆，觉得那碑记写得十分传神。既有佛心，也有诗心。

殿内的佛像有雕在正面墙上的三尊大像，也有散雕在石壁上的小佛像。有趣的是，在扇面墙背面雕造着倒坐的三大士像，象是在练功。这样的构想是迫于地形的制约呢，还是刻意为之，这就只有雕造者自己知道了。

在这水陆一体的情境中，也许最能体味佛心三昧。心境明澄，情思悠远，也是一种佛境。

窟门的上方，雕着一个睡佛。一说那就是沉睡的芊禅师；一说那是释迦牟尼的睡像。他神态安详，似带笑容，注视着从他面前走过的芸芸众生、善男信女。

水陆道场，亦称水陆法会、悲济会等，它的全称是“启建十方法界圣凡水陆普度大斋胜会道场”。它上供诸佛菩萨，下济祖先亡灵，消灾解冤转业，普度孤魂野鬼，增添福慧功德，专为超度虚空法界一切众生所设，是中国佛教经忏法事中最隆重的一种。

水陆道场缘起于梁武帝，相传是一

057 水陆殿里沉睡的芊禅师

058 水陆画组图之一

神僧托梦于他：六道四生，受苦无量，何不作水陆大斋以普膺之。于是梁武帝披览群经，综合慈悲梁皇宝忏、阿难遇面然鬼王建立平等施食一事，用制仪文，首于金山寺启建，由梁武帝当斋。这是最早的水陆道场。这个记载见于宋宗鉴《释门正统》卷四，后来它的发展即是由梁武帝的《六道慈忏》也即《梁皇忏》和唐代密教冥道无遮大斋相结合而成。“水陆”之名，始见于宋遵式（964～1032 年）的《施食正名》，意为：取诸仙致食于流水，鬼致食于净地。

水陆道场的流行，大概是在宋代，随之普及于全国。例如，宋元丰七八年间（1084～1085 年）佛印（了元）住金山时，有海贾到寺设水陆道场，了元亲自主持，大为壮观，遂以“金山水陆”而

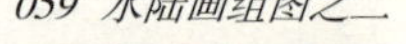

059 水陆画组图之二

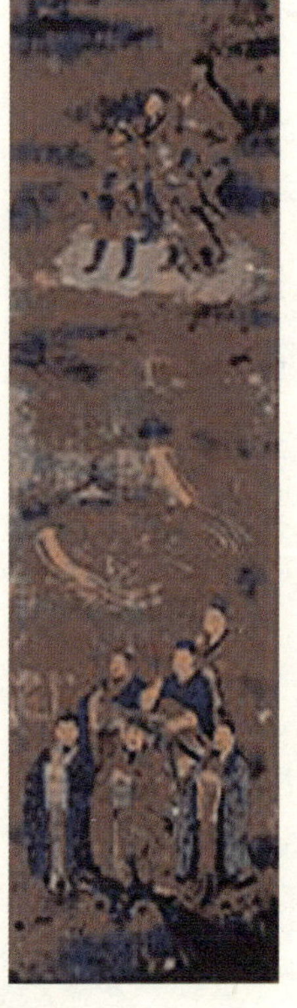

驰名。金山道场之仪为一定制。

南宋乾道九年（1173 年），四明人史浩尝过镇江金山寺，慕水陆斋法之盛，乃施田百亩，于四明东湖月波山专建了四时水陆道场，以为报四恩之举，宋孝宗还特给以“水陆无碍道场”的寺额。一般的水陆道场都在大的寺院里启建，专建水陆道场的似乎不多。

苏轼在宋元祐八年（1093 年），为自己的亡妻王氏做过水陆道场，以超度亡灵，寄托情感。

从历代记载的水陆道场来看，大都发生在南方。明代的时候，水陆道场有南、北水陆之分，但局限于江、浙一带，以金山旧仪为北水陆，四明新仪为南水陆。北方地区举行大的水陆道场是在五台山和北京，其他地方则鲜有记载。这大概和它的隆重与浩大有关，启一堂水陆道场须持续七个昼夜，共分内坛和外坛佛事，而外坛分为华严坛、净坛、药师坛、楞严坛等诸坛经。总计一次水陆道场需百位以上的法师，动员人力、物力颇巨，一般寺院不容易启建。

水陆道场上有一种不可或缺的圣物，那就是水陆画。

水陆画，悬挂在水陆道场的内坛，代表着道场所要邀请的对象：二十四席诸天圣众及六道众生。每次使用的数量并不固定，依道场法事的规模而定，多则 70 幅，少则 20 幅，道场法会完毕后，

060 水陆殿石雕像

予以收藏。水陆画遂也成为宗教界的画种之一。

由于水陆道场所供神灵众多，分为上下堂，上堂供诸佛、菩萨、围觉、声闻、祖师、明王、护法及天竺古仙人等诸人士像；下堂为阿修罗、饿鬼畜生、河海大地、神龙、儒士神仙、城隍土地、善恶诸神等。水陆道场也可以说是一个神仙大集会。所以水陆画的题材超越佛教本身也超越其它宗教，成为宗教与民间迷信与传说的内容杂陈的综合体。因之所画人物众多，它也就成为中国人物画延续和发展的一种形式，在中国美术史上也占有重要地位。

水陆殿里雕有故事画——水陆道场。

不论在石窟建筑，还是在石窟雕像，这都是非常特殊的。

它以浮雕的形式表现了水陆道场的场面和故事。全部的浮雕共 69 方，每一方的人物各有不同。如前所述，各方神仙甚至民间迷信人物都有。从雕刻技

法来看，浮雕和线刻并用，人物身份多样，布局结构也有多种变化。它是对水陆道场的一种描述呢，还是有别的意义？也就是说，在这里是否也有过这样的法会。

至少是明初，佛教还很兴盛，朱元璋身边就有僧人，而永乐大帝——朱棣的主要谋士就是一个和尚（姚广孝）。明代最大的水陆道场，是在洪武初年（1368 年），其中洪武五年（1372 年）的规模最大。明代的大文学家宋濂还作了法会仪式的记载。

水陆画或者画单个的佛像或神像，或者把诸神画在一起，以直观的形式，表现诸佛诸神，让人有一种佛或神亲临道场的感觉。它成为一种集合画，绘制和雕刻在佛殿或石窟里，用以表现整个的道场故事，不知起源于何时。

就金灯寺石窟所处的地形来看，它不可能启建大规模的水陆道场。水陆道场有单姓道场，也有众姓道场，规模不一。但如果没有外来的知识广见，它也不可能把场面描绘得如此广大。从它的场面看，显然是一场大规模的水陆道场，应该到的佛和神都到了。

《中国雕塑史》认为：金灯寺的水陆道场浮雕就人物造型和结构配合的形式看，确系明代人的制作。它表现为雕刻手法较为简单，有些人物形象也显得拙稚而缺乏细致的刻画。这里的水陆

061 石窟里的石刻壁画之一

062 石窟里的石刻壁画之二

063 石窟里的石刻壁画之三

064 石窟里的石刻壁画之四

浮雕，仅是当作记事性的雕刻形式，采取了简单而快速的方式来完成的。让人生疑的是，这样快速的记事，恐怕并不只是记发生在金灯寺的事，那么，它是在记哪里发生的事呢？是洪武初年的水陆道场在这里的折光吗？

从人物形象上看，只能说，水陆道场虽起于宫廷，但后来越来越走向民间，成为民间的一种宗教甚至是迷信的形式。它的目的，也越来越实际和具体。

不妨可以说，在水陆殿里确举行过水陆道场这类的佛法活动，但也更多的是祝福、祈祷、求雨、乞子之类的民间活动，不能与正南八北的水陆道场法事相比。但这浮雕的雕刻者却是一个见过至少也懂得水陆道场的人，只是他调遣的是工匠，而不是有艺术造诣的艺人，所以，即使是这水陆画场面宏大，人物众多，却缺乏一种艺术水准和魅力，这也与明代石窟雕造的衰微有关。

因此，这也就使它成为值得珍视的中国石窟雕刻艺术的遗产之一。

## 【4 金灯传奇】

金灯寺，原叫宝岩寺。宝岩，大约是指金灯寺所在的这万丈峭壁。在修成正果的芊禅师眼里，也许就是一块岩石。明代申锐写诗曰：矗突危峰倚碧空，何年肇建梵王宫。时辟宝地鸣清磬，口见秀云绕翠松。灿烂金灯光佛座，玄微石洞显神功。登临殊觉非凡世，疑入蓬莱境界中。这块宝岩一年三季在云雾遮绕之中，它在云中雾中，若隐若现，时隐时现，神影仙姿。身临其境，确也有蓬莱境界之感。

关于金灯寺的命名，有两个故事来源。

一是神话传说，实质上是一种民间希望的折光。二是与僧人有关，是将自然神化。一个是从神走向民间，一个从自然走向神。

相传，天庭有一对白鸽姐妹，美丽活泼，心地善良，深受玉皇大帝的宠爱。可是，不知是谁向玉皇大帝进了谗言，玉皇大帝一怒之下，把她们姐妹俩贬降人间，让她们到人间来受苦受难。倒是太上老君知她俩委屈，送给她们一对金灯赍簪，希望她们潜心修炼，成正果后，早日返回天庭。

姐妹二人含恨受屈来到人间，找到一块草木青翠的地方修行。有一天，她们到宝岩寺烧香敬佛时，当地财主刘黑的儿子看见她们貌若天仙（实际上她们就是天仙），遂动邪念，欲将两人抢回家中。正在抢夺的时候，被正在砍柴的穷小伙子史晓红救下。两人感激史晓红的义举，姐姐在寺前做证，将妹妹许配给史晓红，并把自己的金灯赍簪送给她们，祝她们夫妻恩爱，白头到老（这时候她已经忘记了她们还要回天庭的事，与七仙女下凡差不多）。

史晓红就这样娶了白鸽妹妹，小两口过起了人间的幸福日子，大概是：你耕田来我织布，我挑水来你浇园。寒窑虽破能遮风雨，夫妻恩爱苦亦甜。没想到这日子并没有过多久，那财主的儿子又找上门来，打死了史晓红与白鸽妹妹的儿子，打昏了史晓红，抢走了白鸽妹妹。史晓红伤好之后，杀了财主的儿子刘黑并放火烧了刘家的宅院。然后，他到宝岩寺落发为僧。

白鸽妹妹逃回家中，只见那只金灯赍簪扔在地上，史晓红不见人影，四处打听也没结果，只得去找姐姐。姐妹二人变成白鸽四处找寻史晓红，终于在金灯寺找到了他。妹妹对着史晓红鸣叫，但史晓红已听不出她的声音。妹妹只好每天晚上都到寺里看史晓红诵经习武。晚上，一对白鸽身上洁白的羽毛再加上一对闪闪发光的金灯赍簪，将宝岩寺照得金光灿烂。宝岩寺由此改名叫——金灯寺。

据说，凡是真心诚意相爱的青年男女晚宿金灯寺，即使没有月亮，都可以感到金灯寺亮如白昼，就是穿针引线也不会出错。

玉皇大帝、太上老君……这都是道

065 金灯寺

教里的人物，即使他们差人下界，或者罚人下界，也不会让他们到佛寺里来修成正果。这显然是一个纯粹的民间传说，民间不太在乎玉皇大帝和释迦牟尼的区别，是神就行。这个传说，与阿诗玛的传说差不多，只不过，这里是史晓红由人变成了神，阿诗玛是由神变成了石头。

066 传说中的落灯山

第二个关于金灯的传说当然首先与芊禅师有关。宝岩寺，肯定是芊禅师命名的。在创寺之后，芊禅师发现每到夜晚就有两盏金灯由东向西飘入寺内，把寺内照得金光灿烂，一片辉煌。于是，他把宝岩寺改做金灯寺。在寺外的东面有一座山就叫作“起灯山”；西面的一座山叫作“落灯山”。可以想像，霞光散尽，夜幕垂降，两盏金灯从东山悠悠升起，然后从容地度过夜空的星河，还有月宫，再悠悠地在西山落下。但也有人说，西山是起灯山，东山是落灯山。这也未必没有道理，因为佛是从西来，再说，西方乐土是极乐世界，金灯由西山而起也是自然的。

另外一个传说，和芊禅师没有直接的关系。说的是一个僧人在寺里诵经，无数金灯飞在眼前。他的小童怕骚扰师父念经，就用扇子扑打，结果落地全是萤火虫。

不论是芊禅师还是诵经的其他僧人，都看到了金灯。因此由他们改做金灯寺也合情合理。

也还有一说，和传说无关，纯是佛教的事儿。佛教里有金身不灭、一灯长明之说，金身那就是纯粹的佛身。而佛界里有燃灯佛，一灯长明，佛法无边。这，也有可能是金灯寺的命名来源。

但事实上，宝岩寺改叫金灯寺是很晚的事儿了。

067 石刻诗文《宝岩寺观金灯》

传说归传说，也有好事之人。中州有一文人崔士棨听说宝岩寺里有金灯出现，心里半信半疑的，想探个究竟。于是带着书童仆人，上了宝岩寺，在寺里住了下来。事后，他写了一篇洋洋古风，描述这次探观金灯的经过，不妨把它演绎一下。

红日高照，群山苍茫。他带着书童仆人登上了宝岩寺的山崖。俯瞰山下，白云满谷。尘寰寥落，仿佛一掬。突然半山落雨，树树凝绿，雾气蒸腾。山间的栈道上，来宝岩寺的敬佛进香的香客争相攀跻，寺里香火不绝。雨云散去，山中暑热难当，寺里的人从峭壁用辘轳吊下水去，为岩下的人们消渴解暑，如琼浆一般甜美。金灯寺建于峭壁之上，攀援极不易，故有“摸着金灯墙，还有十里长”之说。崔士棨吟赏烟霞，感慨百生：这个地方真是天下独一份奇观。夕阳西下的时候，他饮酒高歌，期待着金灯出现。

夜色渐浓，酒兴正酣，酒歌之声响彻山间。这时候，他突然看见对面的山上有一颗明亮的星星，清辉焕发，有如行走的灯烛。须臾间四周山上升起数点，眼底涧中有五个灯簇，忽明忽暗，还近还远，分明是龙女呈着摩尼珠来照耀林滤山。寺里的游人香客大为惊奇，以为是佛祖显灵，纷纷念佛。而他觉得这是神灵满足了他的愿望。

僧人邀请崔士棨坐于禅床，泡上清茶一杯，奏起梵曲。这时候，他向僧人询问这山是何时所开，寺是何人所建，住持何人留下这芳躅。僧人告诉他这寺是芊上人（上人，曾是对僧人的称呼）所建，芊上人居住在山上，老虎自伏于芊上人身边。圣境在圣人之手方成圣境。

僧人一席话，让崔士棨心身惊颤，不觉汗毛直竖，但胸中愁烦也一扫而尽。一番亲历，他认定这是神灵之地，心里不敢存对神灵的半点不敬。接下来的事情是小窗一枕，春风沉醉；梦里神游，猿鹿相伴。

崔士棨确是看到金灯了，但看到的还不止他一个人。前面所引申锐的诗里说到：灿烂金灯光佛座。在另一首路跻垣和申锐同题的诗里（他俩可能是同游金灯寺，写得同一题目的诗）也说道：舍利灿灯辉。不过，路跻垣所说的意思是灯辉因舍利而灿，似乎与他们说的不太一样。不管怎么说，灯是有的。

崔士棨是哪朝人，不太清楚，但从诗风来看，大概是明代或明代以后的人。申锐却有案记载是明代人，而且还是当地人。他们的诗里或多或少地写到了石窟，申锐写道：玄微石洞显神功。这是看石窟。崔士棨也写道：泉水涓涓绕佛足。看来他是进到水陆殿里了。水陆殿大佛已成，泉水相绕。在他们眼里，这里还是宝岩寺，金灯还不过是一个传说。可见，金灯寺的名字不会在芊禅师手里就完成。

说金灯就是萤火虫，未免有点大煞风景，可是传说里有它的影子，路跻垣的诗里也说：寅夜珠光耀，凌空萤火飞。但仅是萤火虫就能把宝岩寺照得金光灿烂吗？谜的魅力就在于它的谜底的不可捉摸，变幻无穷。一旦谜底揭开，谜本身也索然无味了。起灯山与落灯山相对无语，把谜底留给了千秋万代。

## 【5 香客素描】

“香客，开饭了。”

这个声音喊了千余年了，它在千山万壑中荡起阵阵回响，但对于众多香客来说，永远是第一次。

芊禅师开凿第一个石窟的时候也许并没有想到在他的身后，宝岩寺里会聚集那么多的神。就释、儒、道各自的立场来说，它们并不接纳对方，当然也有局部的融合。可是在信奉者们，他们并不愿意让它们永远地分离着，随着时光

068 药王塑像

的推移，它们渐渐地走到一起，共居庙堂，接受着香客们的虔诚，共享人间香火，不分彼此。

金灯寺并不是一个纯粹的佛家寺院。除了佛教里的诸路佛和菩萨，还有玉皇大帝、金灯奶奶、太山神、关公等等天上人间的神，各领风骚。有人说，寺院里诸神共生的现象，是寺院经济发展的要求。这也许是有道理的。寺院究竟不是真空，僧人也得吃饭，香火旺盛是神、也是人的愿望。单纯的佛寺和诸神共居的寺庙结合体，这就好像专卖店和超市的区别。

大概是金灯寺居深山之中，峭壁之上，交通不便的缘故，它的香客大多是平民百姓。这从他们对寺里的神的敬奉和改造可以看得出来。送子观音穿着绿袍，戴着凤冠，完全是一副戏剧人物行头。而金灯奶奶面前摆着的三寸金莲

069 从药师佛演化出的圪瘩佛

鞋，也完全是按着自己的想像做的。而药王穿着道士们穿的猫眼鞋，从药师佛演化出来一个疙瘩佛，下巴果真长着一个大疙瘩，它负责消除一些疮疥疽痈。玉皇大帝则是穿着黄袍，地上的皇帝穿着黄袍，天上皇帝也应该穿着黄袍，都是皇帝嘛，并且还长着一缕胡子，头上戴着的也是戏剧化了的帽子。玉皇大帝的身后常放着锣鼓家伙，随时都可以敲打起来，这也有点不像神殿，倒像个娱乐场。香客们按照自己的要求和想像，以及自己的愿望改造着神的面貌，让它们和自己心里神的模样融为一体。

他们并不一定要在一个特别的日子，只要自己愿意，就呼邻引朋，三五成群，但要是自己有特殊的目的，则多半是独自一人。他们带给各路神仙的，是一些非常实际的东西：米面、菜蔬、水果、鸡蛋、酒水（包括矿泉水、果汁等等）、蒸馍烙饼、枣糕粽子、衣物、鞋袜……还有，他们会带着录音机，再带一些戏曲唱片和磁带。没有录音机的，也带一个收音机。总之是平民百姓们日常生活离不了的、必须的东西。在他们看来，神和他们也一样，他们平时享用的，也是神所享用的。

如果他们从南面来，就得攀岩走壁，在半山的小路上小心而行。背上的东西压得他们满头大汗，脚步沉重，只是他们被一种希望所牵引，被一种目的所驱

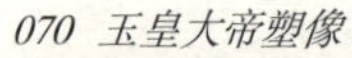
070 玉皇大帝塑像

071 香客们让金灯奶奶享受现代戏文

072 通往金灯寺的栈道

使，心里充满着神性，苦累他们是不计较的，似乎也没有觉得这是一种苦累。

如果他们从北面来，也得走悬崖，过峭壁，沐天风，穿云雾。

南北两面不同的是，北面的高山上天低山远，而南面的天高路险。南面的“摸住金灯墙，还有十里长”，而北面的有金灯突现眼前之感。当然他们可以从四面八方来，没有什么可以挡得住他们奔向神灵的脚步。

时间是早就计算好了的。他们差不多在中午的时候到达。到达之后，他们把带来的东西放到各个神仙面前。敬佛，敬菩萨，敬送子观音，敬金灯奶奶……把五花八门的供品摆在它们面前，这个做法不像是敬神，尤其和佛的庄严与宁静不协调，有点像上坟。一般地说来，他们不会放过任何一个神灵。在他们心里，所有的神灵都是应该敬的。

偶尔，也会有似乎有点身份的香客进到寺里。他们一般开着豪华的车，香也是自己带来的，好像寺里的香不够体现他们的身份。他们只是烧香，而且是有选择的，或是送子观音，或是玉皇大帝，

073 金灯春早

074 内容已经完全民间化的彩绘

或是药师佛，或是其他什么神灵，不会大水漫灌似的撒开去烧。他们一般也不会往佛或神面前放什么供品。而且还往往带着嘲笑的神情看看摆在神灵们面前的水果菜蔬、生米熟面。上香完毕，他们会找一个僻静的地方，坐下来喝酒。

中午之前，是寺里香火最盛的时刻。香烟熏得墙壁生香，化纸钱腾起的熊熊火焰、纷纷纸灰，让人杂念顿消。香客们内心深处的对神的祝福，对神的请求，对自己未来的憧憬，都在这烟火里飞升，但又从天上落到他们心里，变得扎实而亲近，仿佛可触可摸。这些事情做完，他们聚在院子里，等待着那一声千年不变的声音，直到那一声响起：

香客，开饭了。

男人们可以不问生疏，围坐在一起，有酒可以大家一起喝，他们可以把整箱的酒放在玉皇大帝跟前。他们坐在神仙们面前，喝着酒，抽着烟，也说大事也扯淡。打开录音机，把当地的戏曲放给神仙们听，或是上党戏，或是河南戏（他们带着录音机、收音机，大概是与金灯寺地方狭小，摆不开戏台有关，带着它们，也算是给神们唱了大戏）。唱腔悠扬，绕着石梁木梁散发开来，山谷里回音袅袅。诸路神仙在这

075 已经少有宗教色彩的彩绘

戏曲悠扬中，熏着酒气，似乎也有微醺之态。

香客们随便找一个碗一双筷子，完全是吃大锅饭，吃多少都行。逢着吉日，寺里人山人海，吃饭的人一拨又一拨。吃完饭，会有香客留下来一会儿收拾厨灶，洗锅涮碗。这是自愿的，没有人强迫。也有在寺里过夜的，但除了路途远的以外，一般他们不会在寺里过夜。同来的时候不一样，他们走的时候全都是两手空空，带来的东西他们一点也不会再带回去，全部留给了神仙。因此，寺里一年四季并不缺吃用。而且，香客免费吃饭是一个惯例，千百年来一直就是这样。

事实上，香客们到金灯寺来，倒也并不是完全为了神，多半是为了自己。求神的保佑，神的祝福，固然需要虔诚，

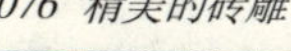
076 精美的砖雕

但这同时也是一种精神上的巨大解脱和放松，不妨可以说这是一个精神道场，它不像九天圣母庙那样是民间献给神的自我狂欢，这是在与神共欢中得到自己想得到的一切。例如听戏，自己听是一回事，和神一起听又是一回事，两者的心情和精神都不一样。

香客们散去了，寺里安静下来，暮色悄悄笼罩，金灯就该升起了。

## 【6 荒野上的石林塔群】

说它们是一个塔林，有点牵强；只能说它们是一个塔群。它们的排列已非原样，至少可以是这样认为。它们是无序地排列着，甚至说不上是排列，只是归拢在一起而已。它们大大小小有 46 座。这也表明，金灯寺曾经有过众多的僧人。金灯寺僧人的墓地，是在这个塔群东面，那里较这里平缓，可见原来僧人的墓地并不在这些塔的所在地。

这个塔群在金灯寺背后的山坡上。没有青松挺立，也没有翠柏相伴。与金灯寺里的香火相比，这里显得有些寥寂。青石嶙峋，荒草萋萋，天空高远。孤单的两棵老树无言地与这石塔为邻，守护着这些石塔的魂灵。而那些石塔上的斑斑苔藓，不断地被风雨剥落，又不断地再生，有着顽强的生命力，在让人感叹历史沧桑的同时，也让人生出对历史

传续的强劲的敬畏。

在这个塔群里，千佛塔是最高大的一座，有点一览众山、唯我独尊的气度。它是为芊禅师建造的，但是在它的后面还有一座小塔，那也是芊禅师的墓塔。在底座造一石室，里面刻有“芊禅师之墓”字样。这座千佛塔是明代建造的，确切的年代是明弘治十三年（1500年），比水陆殿的凿建（明弘治元年〈1488年〉）要晚。据说，在这座千佛塔的石室里曾有芊禅师的包骨塑像，旁边是他的老虎。遗体包骨是明代的做法，如果芊禅师是北齐人，那距他的年代相去甚

078 这座塔被安置在一块大石上

079 石塔上“佛”“海”二字

077 金灯寺石塔

080 石塔
081 刻在塔身上的佛像
082 千佛塔

远。倘是真有过包骨遗体的话，那么，芊禅师就不会是北齐人。

千佛塔的底座是青石垒砌，平面呈方形。正面有拱券石门。在塔的建造史上，这种拱券式的门始于辽代。在此之前，一般是方形门。门框刻有“坐莲从西至，拽虎自东来”字样。门的里边是空心石室，长宽 2.25 米。塔身呈六角形，高 8.8 米。塔檐六层，均为六角形，檐部平缓，翼角微翘。塔身上雕刻佛像千尊（实际上九百多尊，号称千佛）。从这些佛像的排列有序、大小均匀看，是一次完成的。可能是水陆殿完工之后，开始雕造千佛塔，所以它要比水陆殿晚十几年。

佛塔起源于印度，与佛教一起传入中国。“塔”的名词是隋唐时期出现的，在此之前，它叫做“窣堵坡（Stupa，梵文）”“浮屠（Buddha，梵文）”“塔婆（Thupo，巴利文）”等，也意译为“方坟”、“圆冢”等。佛塔最初是用来纪念佛祖的，后来成为放置、埋葬高僧舍利的专用建筑，逐渐演变为僧人的墓塔。塔，不仅具有建筑意义，而且也是一种文化载体，它也体现着各个历史时期的宗教、美学、哲学等等的文化特质。

这些石塔显现着多种多样的形式。有方形、六角形、圆形，有实心、空心，有覆体式、有仿亭阁式。除去千佛塔外，体

083 非常安详的赑屃

084 面目和善的赑屃

形都较小，建造和雕刻也很古朴简单。在这个塔群之外，有一座石塔立于一块岩石之上，形制也特殊，不知为什么它会孤零零地挺立于岩石之上。也有可能是后来人工搬移上去的。

相对于明慧大师塔和大云院的七宝塔，这些塔显得做工有些粗糙，雕刻也不算精致，但是其中透出的古朴浑厚的气息，反而让人有一种亲近感。不过，仔细看，也可以看得出有些塔的雕刻还是精致的，特别是耸在孤石上的那座塔，它的塔檐有些特别，不知为什么它会是那个样子。

在金灯寺的石刻作品中，除去佛像和壁画，象石狮、赑屃的雕刻都有这种浑朴的风格。它们的线条和棱角都很平缓，细部的表现不是很充分。但给人以另外一种韵味，例如，水陆殿前那两只驮碑的赑屃，脖子短精，表情温和，神态安详。与天台庵的那只赑屃风格截然不同。也就是说，金灯寺的这些石雕作品的动感都不是很强烈。

在金灯寺以东，还有一处石窟，它比金灯寺石窟要小得多。据有关专家考察，那也是属于明代的雕造，至于为什么在那里有一座小石窟，它与金灯寺石窟是何种关系，这也还是一个谜。

085 九天圣母庙山门

# 四 圣庙香火——九天圣母庙

## 【1 农历四月四】

这个日子对东峪沟十八庄，对于包括东峪沟在内的五社八村，是一个特殊的日子。这时的太行山，春花烂漫得如燎原大火，横卷过山山岭岭、村村寨寨，把每一寸土都灼透。空气中花香浓得化不开，让人在这花香花阵里窒息或者疯狂。

这个日子可以追溯得更早，早得无可查考，甚至可以看作是与天地共生。

这是敬给九天圣母的一杯浓酒，由五社轮流把盏，酒杯一举，天呼地应，万众欢腾。

北社村为一社，东峪沟十八庄为一社，南社村和鼎留村为一社，西社村和河东村为一社，下社村和常家村为一社，统称为五社八村。这是离九天圣母最近的村庄，九天圣母的恩泽最先也最多洒在它们身上。

这个日子就是“圣母庙会”。

今年举杯的该是谁？

对于九天圣母娘娘来说，谁的酒都是一样的醇香，一样的浓烈，一样让她醉。

举杯的只管举杯，酒是别的社村酿造。于是，四景车、彩楼、神马、銮驾、扛妆、彩童、银伞、社鼓、旗牌、高跷、竹马、旱船、八音会……尽奇思妙想所及，穷精工细作所能，应有尽有。件件溢光流彩，个个灵气活现，挟八方风尘，一如四月里太行春色，蜂拥而至，漫卷而来。

圣母无恙，含笑不语。

086 梳妆楼重檐

圣母庙会，其实有好几个叫法：大赛会、跑车会、赛车会，据说最早是叫：四景车会。那么“四景车”就是它的核心。

四景车，通高 13 米，宽 2.1 米，长 4.75 米。主架系木结构，平面正方形，全车共分四节，车轮至地平板为第一节，地平板至盆为第二节，盆至翎

087 四景车

为第三节。第一节没有工艺装饰，第二、三节全用彩色丝绸、金箔、布带、花牙、玻璃等装饰各种图案、花团。造型与北京紫禁城角楼相仿。

四景车的动力，全靠前面有两根直径4厘米、长14米的白麻绳，可容五六十名小伙子拉拽。现在用四头高五尺、罗圈角、中黄色、昂首阔胸的大犍牛驾辕拉套，左右还有两根纤绳以防摇摆。

四景并非四边各为一景，实指在结构上的四个巧妙设计。第一：偌大的一辆彩车，独有一根木辕；第二：用3根约90厘米长、直径6厘米粗，新砍下的湿榆木做成的犋，三连环紧扣把辕头吊在一根横木的中间，两头各套一头牛驾辕；第三：十多米高的彩车，仅凭中心木架的四只架脚直立在地平板上，不用开隼眼，只用8根麻绳紧扎牢固；第四：彩车第二、三节是中心主架，头对头相接，四面用4根麻绳紧固在一起。

也就是说，整个四景彩车，不用一个隼眼、一颗钉子，全是麻绳紧扎。就这样，把万紫千红的绚丽、金光灿烂的辉煌缠在一起，扎在一起，绕在一起。曾经的潞安府八县千村为它乘兴而来，尽兴而归。

还有彩楼。它的平面呈四边形，以五色彩绸配以金箔、丝线、彩带编饰而成，扎在一张方桌上，由四个人抬着活动。它的造型与九天圣母庙的梳妆楼相似。

还有彩童、彩骡、银伞是合为一组的。从年长的到五六或是七八岁的男童，身披彩绸，后背葫芦，头插金花银花，用红带子把彩童扎在特制的马鞍上。彩骡也扎彩绸，戴铜铃，打扮得十分阔气。银伞直径1米左右，周匝有20厘米宽的彩绸，下边缀银首饰一周，每把伞约20～30挂不等。由一名男子擎持，紧跟在彩骡后面。彩光流溢，组组相连，接踵而行。

各社的家伙都来了，竭尽全力，毫无保留，应有尽有。在这红火后面，藏着紧张，藏着不可告人但人人皆知的希望。

会期一共3天，第一天为预赛，不搞大的的活动，四景车也只装下半截，叫做“跑盆”。配合着其他故事，在本社里活动，做着预演。

第二天，正式赛会开始。各社办的各样社火都集中在九天圣母庙前，由社首评议。把四景车、彩楼等等按各家的工艺优劣、用材价值等标准定出排列顺序，由法师领头向东道社园神地赛会场进发。参赛的队伍未进会场之前，先由神马进会场绕场跑三周打场子。之后，四景车率先进场，停在四角，其他社火、

088 九天圣母庙庙会

故事按顺序进场各就各位。

赛会开始时，首先向九天圣母神驾烧香、鸣炮，各社火故事分组按次序绕场三周，然后再到东道社园神地赛会，最后各归各社。赛会的盛况不必说了，各样东西仿佛都有了魂灵一般，精彩各异，分外妖娆。观赛的人群如潮水汹涌，后波推着前浪，前浪顶着后波，攘攘人迹，汹汹人声，天地为之震动。

庙里庙外，踵接肩摩，水泄不通。其实他们平日里也未必信神，可是这会儿全成了善男信女。此时此刻，烧香求药，求生贵子，进贡还愿，忙成一团。不过，有些人成为例外，她们不可以进入庙内：没有出嫁的闺女，过门未满三年的媳妇，怀孕的妇女。恰恰是她们求生贵子的愿望更为强烈，她们只好在庙门外的某个地方与挤不进庙内的老弱病残一起撮土为炉，烧起高香，为自己也为别人祈祷。在这一天，走近神也是不容易的，至少是得身强力壮。

清咸丰年间（1851～1861年）一个岁贡先生，大约是亲历过庙会的，他写道："四景神车不记年，五社八村会流传。赛期例卜三春暮，宴酒先尝二月天。廿四马楼排列后，几层社鼓引当先。东下南北西轮转，崇奉丹宵太乙仙。"

庙会的第三天，叫歇赛。各种社火故事不再活动，赶会的人全都涌到戏台前。锣鼓笙笛，各显神通。通常是两个戏

班子，一个是在庙内的舞楼上，主要是为神灵演出，全天上、下午和晚三开演。每场戏开演之前，要先唱几出善男信女们为神许下的愿戏。有意思的是，要由行户家（民间吹鼓手班子）为二仙奶奶唱一出荤红，叫“说对子”。据说是二仙奶奶喜欢听荤戏，那戏词儿可是尽荤戏之极，卫道士、伪君子听不得，当然未谙世事的童男童女也听不得。

另一个戏班子是在庙外，搭一个镜面挑角舞台，这戏是演给前来赶会的人的。不过，演戏的事儿不会很早，恐怕是明清以后的事儿了。但，也许很早，因为唐代的时候李隆基在上党地区做潞州别驾，创梨园之先，有上党歌舞先梨园之说，并且李隆基本人也成了梨园鼻祖。九天圣母庙的庙会据说是起源于宋建中靖国元年（1101 年），那时候就有戏可唱也不是一件奇怪的事。

庙会，对凡民百姓，是狂欢节。所以他们说：赶了大赛会，死了不后悔。和一般以物资交流为主的庙会不同，这个大赛会主要是敬神和比赛，有着极强的民间娱乐性。

对于九天圣母娘娘，则检阅了她的臣民们对她的虔诚，而她在受尽了香火熏烤之苦后，预备着给人们以无限的幸福。她相信：凡是人们所希望于她的，早生贵子、百病皆除、万事如意之类，她完全能够满足。

## 【2 玄鸟、玄女】

九天圣母，也叫九天玄女。在中国古代神话里，她是一个女神。后来，不知怎么道教把她增饰奉为女仙，成了道教中的神仙。她最早是以鸟的形式出现的。在《诗经》里，她是商人的始祖：天命玄鸟，降而生商，宅殷土芒芒。司马迁在《史记·殷本纪》里也说殷商的祖先是吃了玄鸟蛋怀孕而生，看来他是用了《诗经》里的传说。在台湾的乡土神明传说里，九天玄女称作连理妈，从大妈开始，一连串的九个妈。

九天玄女，最初的形象是一个鸟身上长着人头的怪物，这种人鸟合一的动物，《山海经》里就有记载。这也符合神话起源的规律，当人意识到自身的存在的时候，思维的扩张首先就从动物开始，也就是最初的图腾崇拜。大概是受天命、降而生商的时候起吧，她就出现在人们的视野中，自然也就出现在各种各样的传说里。

殷商人对他们的这位祖先，似乎并不重视，很长的时间里没有什么传说。玄鸟成为玄女，最早大约是在汉代，《龙鱼河图》云：黄帝摄政前，有蚩尤兄弟八十一个，并兽身人语，铜头铁额，食沙石子，造立兵仗刀戟大弩，威震天下……黄帝仁义，不能禁止蚩尤，遂不敌，乃仰

天而叹。天遣玄女下，授黄帝兵信神符，制伏蚩尤。到六朝时期的《黄帝玄女战法》云：黄帝与蚩尤九战九不胜。黄帝归于太山，三日三夜，雾冥。有一妇人，人首鸟形，黄帝稽首再拜伏不敢起，妇人曰："吾玄女也，子欲何问？"黄帝曰："小子欲万战胜。"遂得战法焉。

大概是这个时候起，九天玄女的故事开始演绎。《旧唐书·经籍志》里收录的《黄帝问玄女战法》三卷，来源于更早一些时候的同名书。里面对九天玄女帮黄帝战蚩尤的故事做了进一步的演绎。在明代有《玄女兵法》到唐末的《九天玄女传》里，这故事就详细了。

黄帝比殷商更早，看来这个女神在

089 九天玄女线描图

我们的炎黄二帝之前就存在了。道教尊黄帝为祖，玄女还是黄帝的师父，玄女当然应该是道教里的仙。说她在天为九天玄女，在地为太乙元君，太乙元君，显然是个道教名号。

有神话专家指出，九天玄女的出现是古代生殖崇拜的结果，从后来九天玄女还担当房中术神的职责来看，这样的说法也许是有道理的。

神，不论是创世神还是英雄神，从成形之后，人们还不断地加以神化，使之更加完美。例如女娲，补天、造人，是个创世神。例如羿，是个英雄神。许多神并没有走向民间，也就是没有世俗化。九天玄女不同，她从成形之后，不仅没有更进一步神化，反而一步一步地走进世俗。

九天玄女显然是个天神，属于玉皇大帝、西王母之类的人物，人间烟火似乎离她很远。助黄帝战蚩尤，是天遣；做商人的祖先，也是天遣。这两件能够使她成为神的事，似乎都不是她自愿所为，至少也不是她的本能。

到汉、魏时期，她已经是一个房中术神，这大概也是与古时候的生殖崇拜有关。成书于东汉时期的《列仙传》，已经记载了玄素之道。在《房中经》诸经中，《玄女经》名列第一。并且就连黄帝也"于玄女、素女受房中之术"。在《玄女经》里，她说到房中术时，还带有浓厚

的中国哲学意味：天地之间，动须阴阳。阳得阴而化，阴得阳而通。一阴一阳，相须而行。房中术固然是道教的成仙得道之术，但是她已迅速地走向民间了。

随着时代的推移，玄女的职能越来越平民化。就授兵法而言，从做黄帝的师父，到授予宋江这类贼寇般的人；而房中术的神秘，也演化为管普通百姓的生儿育女，婚姻情爱。然后就是升官晋级、状元及第、降财赐福、接生助产、求风祈雨、寻医问药这类琐事。不再是那个神通广大、威力无穷即使是男女之事也神秘地称之为“房中术”的那个神了。单看记述她行状的书名也可以略知一、二。从《诗经》到司马迁的《殷本纪》，再到后来的《九天玄女传》、《大宋宣和遗事》、《三遂平妖传》、《水浒传》、《女仙外史》、《薛仁贵征东》等，故事性强了，绘声绘色的，可是神性也小多了，地位也越来越低了。虽然亲近百姓了，但从她对香火来者不拒的态度看，好像也有点善恶不分，谁给烧香就帮谁。

她什么时候来到东峪沟的呢？

据元中统二年（1261 年）碑载：隋唐以来有之，迄今五百余霜矣。

明崇祯五年（1632 年）碑载：自晋唐以来千有余载。

庙里的碑记全是重修碑记，没有初建时的碑记。最早的碑记是宋元符三年

090 重修圣母殿碑记

（1100 年），这个碑记是九天圣母庙重修的碑记。初建时记录哪里去了，谁也不知道。

无法确认九天玄女在这里建庙的时间，但季节不妨可以肯定，是在春天。

## 【3 人间天女】

与别的神不同，九天圣母庙是九天圣母自己给自己建造的。这样的气度在诸神中实在是少见。人给神修庙，固然要选好风水，但也有马马虎虎、潦潦草草随便找个地方就把神安生了的。人赋予九天圣母这个品性，同时也就把她看作是关心人间疾苦、造福人间的一位神，她是主动地而不是被动地来到人

间。不像别的神，非得等人给修好庙院，才肯屈委到人间来办事。

九天圣母不会随便安置自己，她找的地方也是一派好风水。关于九天圣母在这里建庙，民间传说是这样的：现在的圣母庙并非原址，它原是建于距现址5公里、一个叫“东上”的地方。当年九天圣母从天庭下界，也就是考察人间善恶之类，是公事还是私行，是天遣还是自愿，如今不好考察了。当她行至这一带上空时，顿觉灵光四射，瑞气缭绕，赶忙拨开云头落地察看。这一看不要紧，只见此地云蒸霞蔚，光风霁月，钟灵毓秀。从庙内存有的碑铭碑志上看，九天圣母还是很有眼光的。元中统二年（1261年）的碑铭：二涧相拱，九山相朝，落霞与孤鹜齐飞，秋水共长天一色，其形胜负名邦巨都亦莫与媲美焉。清乾隆五十五年（1785年）碑铭：余观庙之胜状在乎山水之间，诸峰叠叠绣错绮绾，二水溶溶交流夕阳气象万千。九天圣母心想这样的风水宝地应该占下，为自己修个庙。主意拿定，忽然看见不远处的地上插着一把宝剑。她过去拔起宝剑一看，吃了一惊，原来这是真武神的宝剑。真武神已经早她一步占住这个地方。

这真武原是玉帝指派镇守北方的统帅，和九天圣母至少也是平起平坐的神，不过握枪杆子的要比她厉害。她实在喜欢这块宝地，但也知道硬和真武神争，她也不是对手。圣母低头凝想之际忽然看见自己的绣花鞋（穿绣花鞋的女神大约只此一位，不知是谁给她绣的），计上心来。她将自己的绣花鞋脱下，插在剑头，埋回原处。

过了一些日子，真武神来这里为自己破土动工修庙。九天圣母听到报告，急忙赶到，拦着真武神，说：“这是我占下的地方，你凭什么在这里修庙？”

真武神说：“这我早就占下的地方，你怎么会占下呢？”

九天圣母问：“你有何证据？”

真武神说：“我的宝剑就是证据。”

九天圣母说：“就算是你用宝剑占下吧，我是把我的绣花鞋埋在地下的。”

两个神的争论自然惊动了四方土地神，他们都来也看热闹也作证。九天圣母就让他们作证。当真武神从地下拔出宝剑时，宝剑尖上果真插着一只绣花鞋。这下真武神没有话说，只好另寻风水。

九天圣母用自己的智慧取胜。一座九天圣母庙就耸立在“东上”这个地方。庙建好了，她当然经常来住住，算是一处行宫。可能，也就从这个时候起，她开始造福这一方水土。

又过了些日子，九天圣母发现还有一处比这儿更好的地方，那就是东河村村西的一个土山。这里山明水秀，灵宝二气俱盛，于是便决定把庙迁至这里。

这一次没有人和她争，但她办事也速战速决。一天夜里，东峪十八庄凡有大牲口的人家，在鼓打三更的时候全都做了同一个梦：一个老妇要借牲口用，还要他们把牲口喂饱，不由他们不答应。到第二天早上发现，家家的牲口大汗淋漓，气喘吁吁，完全是刚刚干完一场重活的样子。全村的牲口无一幸免，个个如此。突然有人报说村西的土山上出现了一座庙，而且和东上的那个庙一模一样。好事的人专门跑到东上一看，东上的庙不见了。原来，九天圣母在夜里借用各家的牲口，把东上的庙搬到东河来了。

九天圣母庙从此就立在东河。

九天圣母建庙和迁庙的过程完全是世俗化的，几乎没有一点神性。若是照着她原来神通广大、威力无穷的样子，哪里还用得着村里老百姓的牲口帮她搬庙呢。相反的，倒是人把自己用牲口驮石背砖、拉水载土的行为安到她身上去了，这一安，把自己几十载的辛劳化做了轻轻松松的一个梦。

希望终于有了一个安身立命之所，所有的寄托都找到了一个好归宿。九天圣母的香火不能不繁盛。

091 九天圣母庙全景

## 【4 千年古庙】

从现存的碑铭碑志上看，九天圣母庙最先重修的是正殿——宋元符三年（1100年），重修的碑记是宋建中靖国元年（1101年）正月。最晚的补修重修时间为民国二十五年（1936年），在这一年里，补修过大殿、舞楼、关帝殿、森罗殿、灵祝王殿、灵泽王殿、后土殿、三朝殿，重修过子孙殿、围墙和庙台。如果，真像碑铭上那样记载，不说是晋唐，就是隋唐以来，九天圣母庙的存在也已千年有余了。宋元符三年是重修，在重修的时候古庙存在百年也是正常的。当然这只是一个猜测，确切的时间已无从考察。

正殿应该是九天圣母庙最早的建筑，也就是说，最早的九天圣母庙只是一座大殿。有趣的是庙下面的土丘，高约14米多，整个平面约1712平方米，庙占地约1558平方米。它的东、南、北三面是山，西面是河谷。在这样的一个地形中，怎么会有一个突兀而起的土丘呢？它是自然形成的，还是人工所为？如果它是人工形成的，那么九天圣母庙的建设工程就是一个完整的设计规划，仅就土方这么一个工程，也够这五里八村干一阵子的。正因了这高峻突兀的土丘，九天圣母庙才有了这山门高耸、摩天接云、肃目庄严的非凡气势。九天圣母因此也高高在上，俯瞰人间烟火，洞察人间善恶祸福。

现在的九天圣母庙是经过了宋、元、明、清和民国以及中华人民共和国建立后的不断修缮和完善的。

从庙下的外院仰望，古庙的上空，蓝天空阔，云横霞飞。53级青石石梯连接庙门与土地。这53级青石梯分为两截。第一截30级，内宽3.63米。第二截23级，略窄一点，3.1米。两截石梯的连接处，可通往东西两边的窑亭走廊。石梯的两边装着汉白玉栏杆，总长度为20.5米，柱顶镌刻着28尊小石狮。这石梯也叫“香道”，游人香客沿着这石梯走去，既有走近神明顶礼膜拜之感，也有登天入云山河一览之感。

“香道”尽头，便是山门。两尊石狮雄踞，不过它要比门上的哼哈二将和善一些。哼哈二将虽然鬼模神样，张牙舞爪，看起来力大无穷，威猛无比，和高峻庄严的山门比起来，还是显得有点单薄。

在山门与正殿之间，连接着一座献殿。要进正殿必得通过献殿，民间也叫“抱厦亭”，它高于平地1米，面阔三间，进深五间，系庑殿顶形制，14根砂石柱与梁枋连结为一体，共撑殿顶负荷。殿顶南北檐头与大殿、舞楼檐头相接，斗栱层叠，遮天蔽日，犹如大鹏展翅，庄严美观。殿的东西两侧，石碑耸立，古气

092 门神"哼将"

093 门神"哈将"

森森。这个献殿把大院分为东西两部，而且，献殿建为庑殿顶的实属罕见。在殿的四角，分别有宋、元、明、清四通赑屃驮碑，雕凿精细，各有特色。

走过献殿，便到正殿门前。这是庙内最早的建筑物，也是这座庙的主体。它高于平地 1 米多，面阔三间，进深八椽，平面近似于正方形。正殿殿顶，高脊飞龙，形制为单檐歇山顶。殿檐斗栱、额枋、梁柱均为青蓝点金和贴金彩绘，有着明显

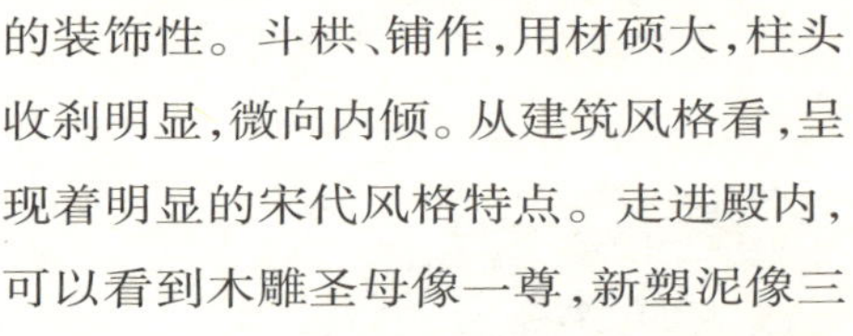

的装饰性。斗栱、铺作，用材硕大，柱头收刹明显，微向内倾。从建筑风格看，呈现着明显的宋代风格特点。走进殿内，可以看到木雕圣母像一尊，新塑泥像三

094 献殿

尊，有壁画 80.84 平方米。

庙院东侧，是一座木质结构的三层楼阁——梳妆楼。

从正殿南望，便可望见舞楼——也叫戏楼。它面朝北，宛如一个舞台。据宋代碑记，重修圣母庙的时候，“命良工重修北殿创起舞楼”。有关专家认为宋代建起舞楼的记载至今还是第一次发现，但现在看到的这座舞楼却系明代结构。宋代的舞楼是什么样的样式，如今还没有一个定论。也许，当时并没有起舞楼，是明代根据宋代的记述而起。也许，宋代的舞楼在后来的岁月里毁于不测，明代照样重修。这又是一个谜。这舞楼，也是圣母香火繁盛的一个见证。

除去正殿、梳妆楼、舞楼这些主体建筑之外，庙院的四周是各路神仙的神殿。这些神仙分别承担了原本由圣母娘娘承担的职责：二仙、关帝、孔圣、财神、龙王、阎王、药王、送子、月老、后土、土地、梨园、哼哈二将……能有的神几乎都有了。一般的庙里供梨园的少，这里供着梨园，大概和那座舞楼有关。这应该是后来人们把对自己有用的神灵逐个请进来的，这样，圣母娘娘就可以不必“垂拱而治，代百司之职役”，完全充当一个至高无上的大神了。

舞楼两边的殿原是对称的，西边一侧的广生殿、三曹殿、太山殿六间在日本侵华战争中被日军烧毁，至今没有修

095 九天圣母庙正殿

复。这样，从九天圣母庙的正门看，西侧明显缺失，造成东西两侧的不对称。

## 【5 圣母亦梳妆】

关于梳妆楼，清道光六年（1826年）的碑铭写道：九天圣母大殿东有梳妆楼焉，高则直入重霄，阔之周围数丈，檐则出之以二，牖则开之以四，朝晖夕阴气象万千，斯则梳妆楼大观也。

清光绪元年（1875年）四月四日，有一位先生大概是来看庙会，诗兴大发，赋诗一首，专说梳妆楼：峭立梳妆百尺楼，重修已历几千秋。层檐日射辉亭殿，绝顶云浮逼斗牛。气接东山龙脉远，爽朝西极葛峰幽。焚香得上凭远眺，前后人家一望收。

梳妆楼初建于何时，不得而知。在明代，只有一个明万历二十一年（1593年）的重修碑铭记。碑上记述明隆庆年间（1567～1572年）梳妆楼失火烧毁，时隔不久便开始重修，直到万历二十一年才重修竣工。上面还记有出资的人名，好像是本地的一些有点资财的人。万历年间重修后的梳妆楼是什么样子，碑上没有细说。道光年间（1821～1850年）的碑文已说得很清楚，虽然后来经过了几代的修葺，大致的样子和道光年间的记载差别不大。那就是重檐、三层、四开窗。

*096 九天圣母在宁静中等待着繁盛的香火*

现在看梳妆楼，设计巧妙，做工精致，四檐出挑如飞，楼下为室，楼上为阁，平面近四方形。就建筑特点，有着明显的明代风格。这种重檐式的楼阁建筑，至少在平顺地区，是仅有的。挑出的飞檐，轻灵飞动，特别在风驰云动之中，给人以翩翩欲飞之感觉。

在九天圣母建庙的传说里，没有提到这个梳妆楼，无法确定这个梳妆楼是否为九天圣母亲手所建。这显然是人以人心度神心，为了自己心中的神更美丽，为她建造的这座梳妆楼，而且出这主意的多半是男人。从梳妆楼比正殿还要高这一点看，它肯定是建于正殿之后。明代的重修，也许是照着原样，也许并没有照着原样。

097 九天圣母庙梳妆楼

梳妆楼的建造，表明九天圣母不光是一个被供奉的神，她已经彻彻底底到了人间，并且认真地住了下来，过着平民的日子。她和一个普通的农家女子一样，早起梳洗，理云鬓，贴花黄，梳洗完毕，四窗一开，霞光云影相映，即使是凡人俗女也美若天仙，何况她本来就是一个天仙，更是超凡脱俗。尘世凡间的人们以这样的方式留住了九天圣母，让她的美长久地陪伴着他们。

不知从什么时候起，梳妆楼住进了二仙奶奶，不再是九天圣母娘娘的独处之地。二仙奶奶和九天圣母的出身不一样，九天圣母本来就是神，二仙奶奶的出身却是平民。

二仙奶奶是一对孪生姐妹，姓乐，祖籍是山西屯留李村人。先祖诸辈都是显赫的名门贵族，后来从屯留迁往山西陵川月牙湾村，在那里过着开荒造地的隐居生活。二仙的父亲叫乐山定，精通医术，母亲杨氏，是一个善良贤惠的家庭妇女。

二仙出生于唐僖宗年间（860 ~ 879年）。出生时，二女头顶有五色光环闪烁不定，缭绕着整个屋子。俩人的手指纹全是螺旋纹，非同凡人。但似乎也没有给家里带来什么好运，在她们六七岁的时候，母亲杨氏去世。父亲在那里也呆不下去，移居到山西壶关紫团山的益阳

里，并且续娶了一房妻。自古歹毒不过后娘心，这两个小姑娘的继母也是这种角色。可是这两个小姑娘对父母亲至敬至孝，吃苦受累，无半句怨言。大概是十六七岁的年纪，继母有一天令两个小姑娘冒着暑热去拾麦子。她们去了，在傍晚的时候突然黄风刮起，天昏地暗，从黑云中猛地降下一条黄龙。妹妹似乎意识到这是天神的召唤，纵身一跳，跃上龙背，黄龙呼啸升天而去。在姐姐还迷蒙的当儿，黄龙再次降下，姐姐也不再犹豫，乘龙上天。由于这个原因，二仙奶奶的塑像，总是妹妹在前，姐姐在后。

一对姐妹升天之后，大约是投到王母娘娘和九天玄女门下修行，也许天生便带着神性，不久，两位神仙将她们度化仙魂，又授予她们万方法宝。九天玄女见她们俩聪慧过人，德才俱佳，且又至诚至孝，便返回东峪的九天圣母庙，托梦当地百姓，又借言于巫人道士，要他们将二位仙女供奉于自己的梳妆楼内，与她一起为当地的百姓排忧解难，呈祥赐福。这样，她们成为二仙奶奶，在梳妆楼里住了下来。因为九天圣母娘娘有正殿供奉，梳妆楼的第一层就做了二仙的供奉地，九天圣母娘娘只是在三楼梳妆。梳妆楼除了她们三位，没有侍女丫环，梳妆的事儿是她们自己干的，做为神仙，做到这一点确属不易。

梳妆楼的第一层，是二仙奶奶的供

098 二仙之一

奉塑像，虽是妹妹在前，姐姐在后，但她们俩的模样，外人很难分辨出来。一样的眉清目秀、慈善祥和，一样的丰腴饱满，骨肉停匀。只是衣服颜色不同而已。

第二层是二仙奶奶的寝宫，二仙奶奶卧睡于此，睡态安详，似在梦中。楼下的香火惊动不了她们，而正在那香烟腾绕之中，她们的梦才更悠远，更甜美。把这里作为二仙奶奶的寝宫，放心大胆地让神仙睡觉，这的确有点奇特。

第三层是九天圣母娘娘的梳妆塑像。这是圣母娘娘百忙之中的一点悠闲，她的美态，她的神韵，全在这一刻展现着。这里看不见她的神通，也看不见她的威力，也不觉得她是一尊神，只觉得她是一个人，一个普通的女人，离人是这样地近。

二仙奶奶爱听荤戏，这大概和九天圣母娘娘担当过房中术神有关。房中术原是道教修仙成道之术，可是一旦流入民间，即成下流污秽之术。食色，性也。除了吃饭，男女之事便是第一要务，平民百姓更是如此。房中术这种东西，离人本性最近，也最容易流入民间加以发

挥和改造。九天圣母娘娘的臣民们，大约不愿意把这种东西加到她的头上，以免破坏和亵渎了神的形象，再则有好多事儿要求她，不能惹她不高兴。但总得拉个神来陪着，好让他们的这种游戏做得光明正大。于是，只好加到二仙奶奶身上，她们原本出身平民，喜好这种东西原也不是什么大错，或许还是一种美德。其实，这荤戏与其说是唱给二仙奶奶的，还不如说是平民们的一种开心娱乐，不过借了一个二仙奶奶的名头而已。

二仙奶奶对这种东西取不喜不怒、不卑不亢、不拒不纳的态度，随你荤到什么程度，她们只是静静地听着。到夜晚，她平步凌波，让许多的人春梦灿然，也让许多的人柔情似水，也让许多的人如醉如痴如疯如狂。

梳妆楼的故事也许并不止这些，还该有很多，很多。

## 【6 舞楼神韵】

碑铭上记载“命良工创起舞楼”的那一年，正是宋哲宗的最后一年，也是宋徽宗上台的第一年。大宋帝国曾经的辉煌，此刻只剩下一抹余晖，这余晖正是由文化艺术涂抹的。北宋时代是一个奇特的时代，一方面是整个国家的积贫积弱，兵魂销尽，国魂亦空，致使大宋帝国内忧外患深重；一方面又是科学文化艺术的空前繁荣。以至于到了南宋偏安，军事上被打得焦头烂额，土地丧失，盗贼蜂起，也还是：山外青山楼外楼，西湖歌舞几时休。香风熏得游人醉，直把杭州做汴州。《东京梦华录》成书于北宋的晚期了，那里面的繁华依然浓烈。

歌行舞飘、文华词彩的北宋，就没有创建过舞楼吗？也许未必。汉民族即使不算是一个能歌善舞的民族，但歌舞却是很早就兴盛的。在唐朝，歌舞是极盛的。但有关专家说没有过这样的记载，那当然是真的。那么，九天圣母庙的舞楼算是那个时代开天辟地的事了。

舞楼建于山门正顶，前台由木柱支撑，东西两面有山墙，并且有壁画。背有历代的题词。四角上挑，斗栱层叠。正间空阔，几近正方形。前面与献殿檐头相接，似乎连为一体。东西两边建有两个角楼，对称工整。角楼的位置，原是煤、马二房，后建为角楼，下面为禅、库二房。

这个舞楼显然不是为香客游人所建，它所正对着的献殿不是一个看舞听戏的地方，而在献殿两侧，也无法看清舞楼上的全部。它周围的五社八村，也没有多少王公贵族，它只能是建给神仙的，同时也是建给那些出得起戏资的少数富人。舞楼还叫作：武楼、戏楼。可见，它有过不同的作用。

从碑记上看，舞楼建起之后，先后

有过九次大的重修、增修、改建、补修。其中四次在明代，四次在清代。最后的定型大约是清同治四年（1865 年）。第一次大的增修是在明洪武十二年（1379 年），这时候距离舞楼的创修已经过了二百多年。这一次增修把舞楼改作武楼，为什么把舞楼改做武楼，不得而知。又过了一百多年，到了明嘉靖三十七年（1558 年），这时候，平顺县已经建立，“贼寇剿平，地方驯顺”，这一年，重修了舞楼。这个时间，距平顺建县近 30 年。这个消息应该告诉嘉靖皇帝，这意味着这个地方永远太平，可是这个时候嘉靖皇帝已经不理朝政，即使是告诉他，他也无动于衷。其后，又有明万历、崇祯和清康熙、乾隆的重修和改建，一直到清同治四年。

清同治年间的舞楼是个什么样子呢？碑文这样写：第昔之舞楼卑狭，墙垣壅蔽，不足以壮观瞻，不足以舒耳目，历年既久，雨蚀风漂，檐瓦飞残，眉梁突出，倾圮之形，不可终日。

这样看来，一直到清同治年间，舞楼的规模并不大，而且“墙垣壅蔽”，

099 舞楼

100 柱头、翼角、斗栱

“檐瓦飞残”，已到非重修不可的程度。由此也可见，明代、清代的重修也好，改建也好，工程不大。宋代在建筑上由官方颁布了《营造法式》，对建筑的工艺、用材、规模，做了很细的规定。这在一定程度上规范了建筑工程，从第一次对舞楼进行增修的时间看，那时的做工还是很精细的。同治四年看到的舞楼情况，恐怕和后来的建筑工艺粗糙有关。

重修舞楼并不是最初的动议，最初原是修窑亭的，在修窑亭的同时，有人发起公议重修舞楼，可是觉得工程大，费用多，于是他们分头募捐费用。然后选了一个黄道吉日，开工建设。原则是：旧者除之，新者阔之，北方正位，南面深尺。就是说，北面的前门较过去之为正，而且整个舞楼加深加阔。这就是现在看到的舞楼的样子。

有趣的是，舞楼正面相对的献殿，还有一个名字叫：佾舞亭。佾，是古代乐舞行列，天子可享八佾，也就是八八六十四列的一个方阵；诸侯用六，大夫四，士二。孔夫子当年为诸侯也享八佾愤愤不平，认为这是：礼崩乐坏。但在这个地方，为什么这个献殿也叫佾舞亭呢？

献殿修建肯定在正殿之后，按着常规，山门也在献殿之后。那么，是先有献殿后有舞楼。如果献殿叫做佾舞亭在先的话，那么，舞楼还有一个功能，那就是在舞楼上看佾舞亭的歌舞。“墙垣壅蔽”，恐怕原来那舞楼前面是有半堵墙的，因为它是用来观看佾舞亭的歌舞，有半堵墙也情有可原。所谓“旧者除之，新者阔之”，是不是把那半堵墙去掉了？从碑记上看，第一次重修献殿是在清雍正十年（1732 年），这么长的时间里，才重修献殿，可能它当初就是一个成形并且完善的建筑物。当然，这也是一个猜测。

总之，舞楼是在这一年完工。于是有人颂扬道：斯楼也，背水纡青，面松拥翠。屋角鸾誊，檐牙犀利，盖以清平叶调步李太白之风流，歌咏传声谱唐明皇之政治也。

总算是没有忘记唐明皇这位梨园鼻祖，只是这会儿不敢说别的，只好说

101 舞楼与献殿连接处

到政治上。

还有，其修之坚也如竹，其修之固也如松，其华美如翚飞鸟革，其细密如烟锁云封。其峻且高也，如山之叠上；其明且亮也，如水溶上。可谓典安磐石，可云造极登峰，历代修葺有人不能比其一二。还有“高矣，美矣，垂不朽于千秋，妆成一座神宫随在，龙飞凤舞，绘出千般妙态，俨然海市蜃楼。

溢美之词有之，但也不为过。

再说角楼。

角楼创修于清嘉庆十六年（1811 年），它比舞楼的最后成形早五十多年，它是在清乾隆十五年（1750 年）重修戏楼之后才建的。理由是：第戏楼湫隘而迎殿对亭，既无辨方正位之美，春赛秋报复乏深厚广阔之观。斯固一庙之体统所系，二院之煞脉攸关也，可不为之改作乎。由是易出檐而为封山，中遂恢阔六尺。拆煤、马二房而建立角楼。

舞楼“迎殿对亭”，这是“古来有之”。但未免有点孤单，没有“深厚广阔之观”，这是从献殿把庙院一分为二看的。如果没有一个东西把东、西联结统

领一下，这就不是一个整体。看来，出这主意的人真有点五行阴阳之道行。有了两边的角楼，整个庙院就显得敦实厚重，有浑然不可分之一体的感觉。这不能不说是一个高招。仅就舞楼和角楼而言，不论远看还是近看，都有一种对称的沉着而稳重之美。

清同治四年（1865 年）是一个什么年代呢？从 1840 年起，两次鸦片战争，太平天国，捻军起义，英法联军攻陷北京，慈禧垂帘，一系列的不平等条约的签订，等等。清王朝真是首尾难顾。到 1865 年，鸦片战争的硝烟虽未散尽，太平天国却已失败，洋务运动正在兴起。清王朝有了一个稍稍喘息的时间。在太行山的深处，自然也能感受到这一点，这时候重修舞楼也还算是一个好时机。

碑记上载，清康熙十五年（1676 年），新建戏楼。这不是重修，是新建。也就是这一年，舞楼叫做戏楼（当然后来还叫舞楼）。所谓新建，就是推倒重来。这时建的戏楼是什么样儿，只能从清同治四年（1865 年）重修的碑文里略知一二。从碑文里的描述来看，似乎和康熙大帝治下的帝国不太相称。恐怕未必是推倒重来，只是重命名了一下而已。从此可知的是，戏，成了这个楼的主角。

上党戏曲起源很早，据考，最早的上党戏曲目是《参军周延》，产生于东晋后赵。后来又经过李隆基、李存勖、沈简王这些官人的喜好和推动，北宋时期泽州人孔三传在汴京首创“诸宫调”，上党戏曲十分繁荣，故有“上党歌舞先梨园”之说。但上党戏曲成为一个完备的戏曲剧种，则是在明末，兴盛于清雍、乾时期，在北方戏曲中是成熟得比较早的。清同治年间的重修舞楼和当时的上党戏曲的发展与繁荣是有关系的。从此，上党地区的名优大角儿在这个舞台上展尽风采，而九天圣母娘娘和二仙奶奶也享尽了人间的清音绝响，度着亦人亦神的美妙时光。

**【7 诸神交响】**

尽管九天圣母娘娘神法无边，无所不管，但是人们还是觉得有些事要一个具体的人来管，所以，在九天圣母娘娘的周围，就有一些管具体事务的神。它们大概是在九天圣母娘娘在这里安家之后，陆续在这里安家的。也许是由于九天圣母娘娘太神圣，繁琐细微的事情不好麻烦她老人家。除去正殿、献殿和舞楼，在整个庙院的四周就分布着大大小小的诸多神，它们也和九天圣母娘娘和二仙奶奶一样享受着人间的烟火，它们管着人们从生前到死后的各种事情，并且依着对人们用处的不同，有着不同的待遇。

这些神是：送子观音、关圣帝君、文

102 关公

武财神、医药神、后土娘娘、十殿阎王、婚姻神、文神、梨园神、李卫公、哼哈二将，如此等等。它们或是天上神仙，或是传说中的人物，也有现实中的人物演化而来。

生死之事莫大焉。人类最早的崇拜大约就是生殖崇拜，因为人类的生殖繁衍是人类与生俱来的最基本活动，所以在这诸神中，送子观音是香火最盛的。观音原是慈悲为怀，普度众生的，也由于中华民族特有的生殖观念，既期望早生贵子，也期望多生贵子，她的慈悲之怀就首先表现为送子。在各类的庙宇中，送子观音庙是最多的，香火也最旺。在这太行山里，自然也是这样。

关公，在这里叫关圣帝君。对他的神化，主要由于他的忠和义，是一种儒家观念的张扬。宋代的时候，他曾被封为“义勇武安王”。到了明代，他的头衔已经很阔气了——“三界伏魔大帝神威远镇天尊关圣大帝”——彻彻底底成了一个神。人们对他的敬崇，无非是驱邪避恶、忠义两全的心愿所在。

这里还有一个文武财神殿，里面敬着比干、范蠡和赵公元帅。在历史上的比干是商朝贵族，是纣王的叔父。相传他因屡次劝谏纣王，被纣王剖心而死。至于范蠡，是春秋末期的政治家，越国大夫。越国为吴国所败时赴吴国为人质二年。回到越国后，帮助越王勾践刻苦图强，最终灭亡吴国。大功告成之后，他却云游四方，到了齐国在陶（今山东定陶西北）时，改名为陶朱公，经商致富。可能是经商的缘故，还提出过应根据供需关系的变化，由官府来调节物价，这就很有点经济学头脑。把这么两个人作为财神，大概是由于比干正直无私、范蠡善于生财有关。赵公元帅，姜子牙曾封其为“正一龙虎玄坛真君”，在民间，是一个正宗的财神，即使不做买卖不经

103 范蠡图

104 赵公元帅图

商，也唯恐敬之不及。

药神，在佛教里是药师佛，在这里是医药神。“何事沉疴起，含毫问药王”，求医问药，是人一生不可避免的大事。庙里医药神和佛殿里的不同，它是传说人物和真实人物的结合体。药神的故事脱不开神农尝百草、华佗、扁鹊、李时珍、张仲景、孙思邈，有的地方干脆就敬着孙思邈。不过，即使是真人真事，人们走进这个殿门的时候，必须怀着对神的情感，所谓心诚则灵。这里敬着的医药神确也是神力无边，所以敬者如潮。只要心诚，有求必应，当然也得有所表示，至少也得上香三柱，不然神也是不灵的。

皇天后土，至高无上。后土娘娘非同小可。古建筑中，只有帝王宫阙才可以全用黄色琉璃瓦，但是后土娘娘可以享此殊荣。她的殿宫虽然小一点，但却是全用黄色琉璃瓦铺盖的。传说中的后土娘娘是四大天帝之一，管着一切土地。人们修房盖屋，搬迁修路，无不先给后土娘娘上香，以求平安无事。就是清明节上坟，也要先拜后土娘娘。对于农民来说，一生离不开土地，后土娘娘是至关重要的一个神。

婚姻殿里供奉的是月下老人，民间称他为“月老”，这尊神是专管人间婚姻大事的。但这一带的民间也有中秋节供奉“月老”的，中秋节月圆之时，吃饭前要先给“月老”上供。中秋节的“月老”大概和主管婚姻的“月老”不一样。月下老人管人间婚姻之事，历史悠久。还有这么一个传说：唐代有个名叫韦固的孤儿，长大后，一天晚上他出外散步碰见一位老人，膝前放着一堆红线，自己看着一本婚书。韦固请老人说说自己的婚事。老人先抽出一根红线递给他，然后查了一下婚书，说：你未来的媳妇，就是北头卖菜的瞎老太太的三岁女儿。韦固一听大怒，想自己怎么可能娶这么一个瞎老太太的女儿，但也怕这桩婚事真的到了自己身上，于是差人去把这个小女儿刺死。可是差去的人心慌，没能把这小女儿刺死，只是把她的眉心刺伤。

多年以后，这韦固从军，立了战功，刺史王泰很赏识他，便把自己的女儿许配给他。这姑娘非常漂亮，可就是爱在眉心贴花。韦固问她缘由，等她说完，韦固大吃一惊，原来此女正是他差人刺过的那瞎眼老太太的幼女，她是后来被刺史收养的。韦固方知天意不可违，原来那老头儿是仙人。这个传说是发生在当地呢，还是由外地传来的，不得而知。

传说归传说，有情人终成眷属，与意中心上人相爱到老，是人之大愿。在父母之命、媒妁之言主宰男女婚姻的时代，去月老殿里求得和自己相爱的人成为眷属之红线、红绳，也不失为一种主动。

文神，非孔夫子莫属。不过，乡间的人不知道孔夫子的“大成至圣文宣王”之类的头衔。在乡间，庄稼人敬他是想让自己的子女金榜题名；读书人敬他，是想让自己平步青云，至少也中个进士什么的。至于孔夫子的学问以及治国方略，在他们还是其次的，也不甚了了。“万般皆下品，唯有读书高”，乡下人对这句名言还是很敬畏的，对读书人他们不敢怠慢，对孔夫子更得多加小心。但孔夫子究竟离凡人要远一些，所以他的香火远不及送子娘娘，就是荤戏也不唱给他听。

九天圣母庙里敬着梨园神，这在一般的庙里是少见的。梨园的神是十分专业的神，只有从事梨园行当的人才敬他。这里敬着它，大约是与庙里的舞楼有关。大赛会期间，唱戏，是一个主要的活动。戏班子开戏之前，先敬梨园鼻祖，也是十分自然的事。这里面恐怕有两个原因，一是求自己的事业红火；二是求自己在这一次要演出顺当。里外两班戏，要一个比一个强，除了自己的实力，也得求助于神。梨园神当然是李隆基，这个风流皇帝生前恐怕不会想到，他会成为这么一尊神，被世世代代的梨园弟子们敬着供着。

105 广生殿

庙里还敬着一位唐朝

人——李靖。李靖为唐初的大将，也算得上是一个军事家。在唐太宗时曾任过兵部尚书、尚书右仆射等职。他率军击败过东突厥、吐谷浑，被封为卫国公，所以叫他李卫公。

相传，唐贞观年间（627～649年），李世民命李靖征寇于漳河赤壁一带，大军路过东峪沟时，纪律严明，不扰百姓。九天圣母于是在他军中显灵，帮他剿灭了贼寇。李靖班师回朝之后，将此事报告了李世民。李世民对九天圣母“忠诚于国，恩泽于民”的功德深为感激，遂命李靖再回东峪沟，重修九天圣母庙，而且要修得比原来更雄伟，更壮丽。庙修好之后，当地百姓感念李靖的好处，便将正殿之侧建为李卫公祠堂，天长日久，李靖便被演化为玉皇大帝手下的一员武神，他的真实身份倒不被人提起。

从这个传说看，九天圣母庙初修于唐，也有可能。倘是宋代初建，他们似乎不必找那么远的一个真人供着。他和“武圣人”关羽不同，人们敬他，除了与九天圣母娘娘这层关系之外，还含着求他保一方平安、除邪镇恶的实际功用。“武圣人”可以不管具体事，他得管。

还有哼哈二将，他们有神力法术，姜子牙让他们专守寺庙山门。把他们也当作神供起来，是想让他们不光是守山门，连老百姓的家门也守起来，所以他们的职责很具体：看家护院。

所有的与人一生有关的神，能请的都请到了。但还有死后的事，所以还得有与死后有关的神。

阴间最大的神当然是阎王了。阎王殿从外观上看，倒没有那种鬼气森森的阴沉，只是一所平常的三间平房。走进去，一眼就可以看见阎王，不过，那样子有点像钟馗。传说中的阎王殿是何等的可怕，下油锅的惩罚让人毛骨悚然。阴间有十八层地狱，由十八个判官管着。在这里，十八个判官演化成十殿阎王：一殿秦广王；二殿楚江王；三殿宋帝王；四殿五官王；五殿阎罗王；六殿卞城王；七殿泰山王；八殿都市王；九殿平等王；十殿轮转王。人们把这些

106 靖王殿

在传说中青面獠牙、六亲不认的家伙们敬起来，完全是为自己的死后的前途着想。生前做过坏事的，怕下了地狱之后再下油锅；生前没有做过坏事的，是怕到地狱之后被这些家伙冤枉。所以，善人恶人都得敬着他们。在庙里敬着的这些阎罗，模样倒还不是那样的狰狞，壁画上画的也不过和常人差不多，只是稍怪一些。这样，也许是为减少一点生前的恐怖感吧。

青山无语，碧水长流。

圣母古庙在这里耸立了千年。虽然是圣母古庙，但它却是最平民化的一座神庙，人们把自己心里最朴实的希望安放在这里，也就把关乎他们最切身利益的大大小小的神请到庙里，或者造一个神安在这里，让它们在这里安心度日，它们越是在这里安心，人们心中的希望之火也就燃烧得越旺。他们的希望也是最平实、最质朴的，治国安邦的方略离他们太远，高官厚禄的威赫离他们似乎也太远，这都不是他们所关心的。他们的梦想从送子娘娘那儿开始，到阎王这儿结束，一切都是那么明了而且简单。

107 大云院远眺

# 五 幽幽深院——大云院

## 【1 曲洞通幽】

其实,关于马三宝的传说应该写在这一节,因为大云院是坐落在实会村的,村里还有马三宝的墓地。马三宝当初和唐太宗说新丰村里的美景,其中有“八十一个连环洞,九龙戏珠大云院”。这洞,叫藏兵洞,凿在悬崖上,不过这悬崖是黄土。从远处看,这些洞窟有规则也没有规则地散布在半崖上。走近看,这悬崖如同刀砍斧削,半块垂石也有千钧之力。但这是次生黄土,抓一把在手里,轻轻一捏,即成碎粉,轻轻一扬,踪影全无。谁也不会想像它会支撑起这八十一个连环洞。但,这洞确是凿在这黄土崖上。

相传,这洞是三国时马超的屯兵洞。《三国演义》里有一节“曹操抹书间韩遂”,说曹操用了离间计,挑拨了韩遂与马超的关系,打败了马超。马超当然心里不服,非要和曹操决一个你死我活。于是,他跑到太行山里,屯兵练武,磨刀砺剑。这屯兵洞就是那时候挖的。

走进这洞,真的如同走进一个迷魂阵。洞洞相连,纵横交错,如无高手指点迷津,永无见天日之时。它真的像是一个作战阵容,有指挥室,有议事处,有藏

108 山崖上的藏兵洞

109 连环洞发兵处

兵处，也有喂马的地方，也还有睡觉做梦之所。就是现代的人防工事，也未必想得这样周到而精密。从地形上看，它也未必没有道理。它面临着漳河，把人马集中起来，一个冲锋就可打到河南。区区许昌，似乎也不用费太大的劲儿就可以拿下。

这个传说只有半截，只说是马超的藏兵洞，在与曹操对峙的过程中，这些洞里的兵到底出去过没有？没说。

现在，如果从漳河岸边的藏兵洞口进去，经过千折百廻，钻出洞口，抬头一望，突然会看见一座宁静的禅院。

这，就是大云院。

## 【2龙 迹】

不知是何年何月，这座山开始叫做龙耳山。顾名思义，这山不过是龙的一只耳朵，这名字起得颇有点幽默感。山，不算高峻，似乎也不险要，质地却坚强，几乎是一整块青石。当初马超凿不动青石，否则，那藏兵洞也许就开凿在这青石山上，龙耳里藏兵，多么有趣。

虽是一只龙耳，但气势却雄，不论是仰望还是俯瞰，青石巉岩虎踞龙盘。从龙耳伸出九条山脊（实际不止九条），以蛟龙探海之势，扑向一个圆形山丘。这山丘想必是由这九条山脊中流出的水冲积而成，而那九条山脊恰似九条龙，所以当地的人们叫：九龙戏珠。当初是九条水龙造了这颗珠，后来是九条旱龙戏这颗珠。二龙戏珠，已是吉祥，九龙戏珠，更是奇观。

忽然有那么一天，嬉闹腾跃的龙们安静下来，它们看到了一个僧人（也许不止一个）站在这颗珠前。这是一个云

110 游人如织

111 九龙戏珠大云院

112 大云院山门

游的僧人（也许是带有预定的目的），袈裟褴褛，满脸疲惫，脚下的仆仆风尘让龙耳山的莽苍显得稚嫩。但是他的眼中却放着光，那是一种期盼得到偿补的满足，也是一种希望终以实现的欣慰。他把僧钵轻轻放下，以顶礼膜拜的姿态深深地对着它低下了头。

在这个僧人的眼里，这不是九龙戏珠。这颗珠，在他看来是一块仙岩。也许这青石岩里真有仙气灵光，被他看到了。

于是，他不再远游，在这里住了下来，过了许多年，在这块仙岩面前出现了一座大佛殿。它的名字，是第一个站在这里的僧人早就想好了的——仙岩寺。

在北宋建隆元年（960 年），它已有殿堂一百余间，是一个有相当规模的寺院。它改名为——大云禅院，是在北宋太平兴国八年（983 年），是奉敕而改。在北宋年间，上党地区奉敕改名的寺院有二十多座，这和北宋时期佛教的兴盛有关。它的建筑，除大佛殿是后晋天福年间建造外，山门和后殿为元明建筑，廊庑是清代所修建。它的建筑格局为中轴线两进院，布局工整。从大佛殿开始建造到北宋建隆元年之间，不过二十多年，在这样短的时间能够建起一百多间殿堂，可见它们的建筑速度还是很快的。

## 【3 大佛殿里的瑰宝】

大佛殿是大云院最早也是最主要的建筑物，建于五代时期后晋天福五年（940 年），关于它的建筑，专家是这样描述的：大佛殿面阔、进深各三间，通面宽 11.8 米，总进深 10.1 米。开间较大，平面近方形。殿顶单檐歇山式，瓦条叠脊。柱头卷杀和缓，侧脚、生起显著。柱头相互间除阑额连接外，加施普柏枋一道，这是现存古建筑用普柏枋的最早实例。斗栱比例雄大，制作规整严谨，五铺作，双抄偷心造，耍头为短促的批竹昂形。殿内仅后檐明间设金柱两根。殿内梁架，四椽栿对后乳栿用三柱。

对于非古建筑专业的人来说，这样的描述几近天书。但是从外形看大佛殿，屋顶坡度平缓，出檐深远，用材硕大，四角出挑如飞。整个建筑稳重浑厚，大气庄重，唐风犹存。后晋天福五年（940 年），距离唐的灭亡时间只有三十多年，石敬瑭建后晋也才五年，大云院始建的时间是后晋天福三年（938 年），

113 大佛殿

114 大佛殿里的佛像

五代雕造的石香炉形成对应。中国的大地上现存的五代时期木结构建筑仅有五处，大云院的大佛殿是其中之一。

走进正门，就可以看到三尊彩塑佛像。阿弥陀佛居中，两边是观世音和大势至，观世音主悲，大势至主智，像示着如来佛悲智二德俱全。从这个供佛形式看，大云院似属于西方净土宗教派。在扇面墙的背后绘有“西方净土变”壁画，这就给三大佛像做了一个注脚。画面的上方众菩萨和供养人分

唐风犹在也是情理中的事。在大佛殿门的两侧，放置着两块方形石刻，分别雕刻着龙，据考证是明代的作品。台阶前面，放置着一只硕大的香炉。与殿内的

115 大佛殿前石刻

宾主活动其间，主尊仆殷，一派歌舞升平景象。画面下方是六个边歌边舞边吹奏乐的乐伎。六人中，或吹笛，或拍钹，或敲鼓，一人奏一种乐器，一人作一种舞姿，广袖长裙，翩翩起舞，围成球状。从这个画面上，可以看出五代时期的穿戴装饰，也可以看到当时的娱乐形式和伴奏器乐。

在敦煌的石窟里，也有《观无量寿佛经变》，也就是“西方净土变”，它描绘了建筑在七宝池上的宫殿楼阁，无量寿佛作为西方极乐世界的主宰，端坐在宫殿的正中，观世音、大势至以及三十多位听佛说法的菩萨围绕在他的身旁。

117 敦煌壁画里的飞天

前面的中台上有两人挥带对舞，16 位乐师在两旁席地而坐，演奏着琵琶、筝、笛等各种乐器。前台中央有五个金翅鸟在奏乐歌舞，还有两只白鹤正在引颈长鸣。前台的两端分别有佛与菩萨 18 位，正在聆听佛的说法，共享歌舞之乐。上方的天空中有飞天在翱翔散花，还飞舞着各种不鼓自鸣的乐器。下部的七宝池中碧波荡漾，绿荷红莲漂浮在水面上，

116 敦煌“观无量寿经变画”

对对的鸳鸯和化生童子正浮游在水中嬉戏玩耍。按照《观无量寿佛经》的说法，人们如果在现实世界中多做善事，帮助别人，那么在来世，就能够托生到西方极乐世界的莲花池中，从莲花中出生，成为化生童子，无忧无虑、快乐幸福地游玩在七宝池中。

在敦煌，它最早出现于初唐时期，定型于盛唐时期。从绘画艺术上，大佛殿成于敦煌之后，必定存在着一种传承关系。只是内容上不会有大的变化，都是对西方极乐世界的向往和歌颂。

经变画是表现佛教教义的一种艺术形式，有着和佛教一样的源远流长。在中国，早期的经变画出现在西魏时期，隋代的时候经变画的内容开始丰富，结构也趋向宏伟，到唐代，就发展成为中国式的大型经变，艺术形式趋于成熟。经过了几代的发展，内容越来越丰富。经变画的一个最基本功能是服务于讲经，在此基础上发展成为一种佛教艺术形式。

“西方净土变”是佛教寺院里常见的壁画。根据唐代人段成式写的《寺塔记》一书记载，长安城常乐坊的赵景公寺，在三阶院的西廊下，有初唐著名画家范长寿根据《阿弥陀经》绘制的《西方净土变》。平康坊的菩提寺，在佛殿中画有《维摩诘经变》，有趣的是，到了唐宪宗（806～820 年在位）后期，当时著名的俗讲和尚文溆还特意重妆了这幅壁画。可见，寺院中的经变画，本来就是为俗讲服务的。

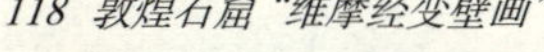

118 敦煌石窟“维摩经变壁画”

净土宗作为佛教的一个教派，因专修往生阿弥陀佛净土法门，故名。它的思想渊源于印度，在东汉时期开始传入中国。一般认为它的始祖为东晋时期的慧远，但实际创立者为唐代的善导。它所依经典为《无量寿经》、《观无量寿经》、《阿弥陀经》和《往生论》，总称之为“三经一论”。

净土宗修行的主要方法即是念佛。一是专念佛的名号，称为持名念佛；二是观佛的塑像与画像，称为观像念佛；三是观想佛的妙像，称为观想念佛；四是观佛的法身，

称为实相念佛。它宣扬弥陀净土和西方极乐世界。由于该教派教义简单,方法简便,人人都可以做到,有着广泛的大众性,中唐以后广泛流行,五代至宋是它的兴盛时期。宋明以后与禅宗融合,其它如律宗、天台宗、华严宗等,也都兼修念佛法门。正是如此,它很快就普及于一般的社会,深入民间,有所谓“家家弥陀佛”的说法。

大佛殿里的“西方净土变”画,一方面是对佛教教义的宣扬;一方面也可能在这里举行过说法道场。至于主讲人是哪一位僧人,现在无从知道了。

与大佛殿一样久长的是东山墙上壁画——维摩诘经变。维摩诘经变画,就是以直观的绘画形式表现维摩诘讲经的场面和经论。维摩诘经变画最早出现在何时何地,恐怕很难确切考证了,至少是在唐代,它已经是成熟的经变画。说到维摩诘经变画,不能不让人想起顾恺之。

顾恺之是东晋人,在当时被称为“才绝、画绝、痴绝”,他的画在当时就享有极高的声誉。南京修建瓦棺寺,寺里的僧人向社会募捐,他一下子认捐了百万钱之多。谁也不会相信他会有那么多的钱,他向寺里提出一个要求,给他一面白墙,他要做画。一个月的时间,他画了一幅维摩诘像,但没有点睛。到点

119 敦煌石窟“维摩经变壁画”里的维摩诘像

睛的那一天,他对寺里的僧人说,第一天来看的人要捐十万,第二天来看的人要捐五万,以后的数字就由你们自定。点睛的那一天,寺门一开,光照一寺,观者人山人海,百万钱顷刻便足。

顾恺之当时画的这幅维摩诘像真迹已经不存,无法看到它的原貌。据说这幅维摩诘像有“清羸示病之容,凭几忘言之状”,画出了维摩诘的病容及病中对谈的特殊神色。据说,这是首创的维摩诘像。有趣的是,他还长着一缕胡子,颇有中国哲人风度。相传是南朝谢灵运跑到广州只桓寺,要供奉他的美胡子装饰维摩诘像,谢灵运本人有“美髯公“之称。南朝的画家陆探微、张僧繇都曾模仿过他的作品,但都无法和他比美,他们的摹本保存到唐代。后来的维

120 正殿壁画组图之一

摩诘经变画的维摩诘像，无疑受了他极大的影响。

同“西方净土变”一样，维摩诘经变画也是寺院里常见的，因为《维摩诘经》是大乘佛教的重要经典，它的译本就有六种之多，最早的是后汉严佛调的译本，唐代玄奘也有译本。它除了在印度佛教界占据重要地位之外，也是少数能够融入中国文化本位的一部经典，它对中国哲学、宗教以至文学、艺术都有莫大的影响，相当的中国哲学家、文学家、艺术家都在里面寻到灵感源泉。例如，唐代的大诗人王维，从名到号，都取自维摩诘。而他本人生活形状也像维摩诘一样，身为佛门弟子，却过着世俗贵族的奢华生活，经常出入于王公贵戚府第，一生亦官亦隐亦居士。

维摩诘是释尊时代，居住在毗耶离城大长者。曾经供养无量诸佛，深植善本，得无生忍，入深法门。辩才无碍，游戏神通。并且具足六波罗蜜，能以种种方便善巧的方法来度化众生。由于他示现居士身，所以他有妻子、有眷属，但却常修梵行，常乐远离。虽然一切世间的享受或社会上的各种场所，他都不忌讳地拥有，或涉足，甚至对外道也不排斥；但是，他的真正心态与目的是“至博奕戏处，辄以度人”、“受诸异道不毁正信”、“游诸四衢，饶益众生”，甚至“入诸淫舍，示欲之过”。所谓“酒肉穿肠

过，佛祖心中留”，正是这种生活形状的通俗写照。他就是这么一个奇特的在家菩萨，他所行的就是如此不拘常格、随机设教的法门。因此，《维摩诘经》不是那种抽象、呆板的非人格化的教理，差不多是一部艺术作品，有巧妙的戏剧安排，有精辟的对白，有故事，充满机智和智慧。不论是维摩诘本人的形象，还是《维摩诘经》都深受人们的喜爱。

在《维摩诘经》里，故事的开头是维摩诘生病，佛派遣弟子们问候，然而，弟子们大多自称不堪前往。最后，佛遣文殊师利前往问候。于是，八千菩萨、五百声闻、百千人天，皆欣然从往。佛派遣的这些弟子中，有大乘、小乘中的弟子，他们在平日城宴坐习禅、持钵乞食、解说戒律、为人说法等等活动中，维摩诘曾向他们提出诘难，相与辨析，均被维摩诘挫败。所以，他们都不敢去应对，他们的心里也许很清楚，维摩诘并非真的生病，不过是以向人示疾的方式，宣扬自己的主张。

文殊菩萨是智慧的象征，与维摩诘可以旗鼓相当。文殊来到维摩诘的内室，室内没有座位，只有一床。维摩诘以疾而卧，正如顾恺之所画：清羸示病之容。文殊致问，维摩诘答：从痴有爱，则我病生。以一切众生病，是故我病；若一切众生病灭，则我病灭。

据说，维摩诘住室的面积只有一平

121 正殿壁画组图之二

122 正殿壁画局部

方丈，佛教寺院住持所住的房舍，即称“方丈”或称“丈室”，这样的称呼即源自维摩诘。在这样狭小的空间里，八千菩萨、五百声闻、百千人天，何以能容？维摩诘向东方距此三十六恒河沙世界的弥须相世界弥须灯王佛那里，借来三万二千个高达八万四千由旬（一由旬约为六十里）严饰第一的师子宝座。在维摩诘与文殊的相辩之中，《维摩诘经》的精彩之处如同珠玉纷陈。

在他们相辩之中，室内出现了“天女散花”，花落到菩萨身上，随即落地，但散到舍利弗等声闻身上，即使运用神力，也扯不下来。于是，在与舍利弗的对辩中，将舍利弗变为女身，而将自己变为舍利弗。一方面这是证实众生如幻，男女实无定相；另一方面也是破除对声闻人对“法”的执着。这个细节充满幽默感，因而独具匠心，将印度小乘教的严肃精神和中国伦理精神化作轻松一笑。

大云院大佛殿壁画的作者是谁，他没有留下名字，无法确认了。五代时期的壁画所存无几，犹如凤毛麟角，而现存的五代时期的寺观壁画，这是惟一的。

看来，这壁画的作者也深谙《维摩诘经》的精妙，画面处理灵动活泼，既不呆板凝滞，也不庞杂淤塞。在画技上，依袭“焦墨淡彩”的特点，线条以“铁线描”为主，“蚯蚓描”和“高古游丝描”为辅。在人物造型上，承接晚唐风格。人物无论男女，均体态丰腴，神气祥和。天女散花和飞天的造型给画面添了飞动之感，使画面十分鲜活。

在西墙上绘有十八罗汉，这个壁画是不是五代时期的，不得而知。十八罗汉人物造型生动，衣纹处理别具一格。从人物造型和构图以及线条处理来看，笔法流畅，画技娴熟，不像是一般的民间画匠所为。它与维摩诘经变的壁画有没有承接关系？这还要靠专家和学者来做出结论。

## 【4 七宝塔】

关于七宝，各种经论上说法稍有点差异。法华经受记品曰："金、银、琉璃、砗磲、玛瑙、珍珠、玫瑰七宝合成"；无量寿经上就树说七宝："金、银、琉璃、玻璃、珊瑚、玛瑙、砗磲"；智度论十曰："有七种宝：金、银、毗琉璃、颇梨、车渠、马瑙、赤珍珠（此珠极贵非珊瑚也）"；阿弥陀经曰："亦以金 Suvarn!a，银 Ru%pya，琉璃 Vaidu%rya，玻璃 Sphat!ika，砗磲 Musa%ra-galva，赤珠 Rohita-mukta，玛瑙 A's/magarbha，而严饰之"；般若经以金、银、琉璃、砗磲、玛瑙、琥珀、珊瑚为七宝。

民间一向有"救人一命胜造七级浮屠"之说，"七级浮屠"是指七层塔，而七宝塔则是宝塔的一种泛指，也指用七宝装饰的塔。法华经宝塔品里说："尔时

124 七宝塔

佛前有七宝塔，高五百由旬，纵横十百五十由旬，从地涌出，住在空中。"佛经上说是多宝佛让半座于释迦牟尼佛，于是两佛并坐宝塔之中。

七宝塔大云院外西南角，多少显得有点孤单。它建于后周显德元年（954年），比大佛殿的修建要晚十几年。从整

123 扛碑大力士

125 七宝塔石刻组图

个寺院的建筑情况看，七宝塔建造的年代正是大云院（不过那时还叫仙岩寺）大兴土木的时候。有点奇怪的是，在那样兴盛过的一个寺院，为什么只有一座塔？难道建成寺院之后，僧人都离开了吗？他们没有一个死在寺院，也没有人为他们建造墓塔吗？

126 大佛殿檐角上的小人组图

七宝塔通身为青石雕造，高6米，原为7层（这也许是它叫做七宝塔的缘故），现为5层。下3层是平面八角形，直径约两米。第一层为覆盆莲瓣底座，束腰雕造飞马、狮子、麒麟等动物造型。第二层束腰浮雕伎乐人，体态轻盈，舞姿优美，飘洒自如，形神兼备，古朴典雅。伴奏者抚琴吹管，栩栩如生。第三层，正面有门，圈门上雕双龙戏珠，门侧侍立二天王，手持兵器，脚下踩着的，似乎是妖魔鬼怪之类。虽是二大天王，脸部丰满，面部表情是一种胜利者的神态，并不张牙舞爪。周围转角处雕蛟龙盘柱，后门半掩，门两旁雕造两力士。塔檐下飞凤飞仙，共鸣鸟等变化多端，檐匝雕有垂帐。第四层也雕造周匝垂帐，前后有假板门。第五层雕云纹大圆盖宝珠顶，象征着西方极乐世界。

关于七宝塔，表面能够描绘的似乎就是这些。这也可以让人联想到敦煌壁画里的七宝莲池。

## 【5 断头乌龟与四大小人】

虽然风雨剥蚀，碑上文字依然清晰可辨。碑帽上的黑色苍苔，以另一种方式讲述着大云院的历史，也以这种特别的方式把它的历史保存下来。这通碑是最早记述大云院历史的，它雕刻得很精致。碑首雕有龙和佛像，在碑的底座上，

127 宋碑

雕有吉祥兽，四角四个大力士，个个力大无穷，形象古朴纯憨。

碑本身也许并没有什么特别之处，让人感到奇异的是驮碑的赑屃，它粗大雄壮，那一通记载着千年历史的石碑在它身上仿佛没有重量。只是它与众不同，它没有头，断头处齐整如削，好像一刀砍掉似的。

在当地人的眼里，它不是通常的驮碑赑屃，它是一只断头乌龟。

相传，漳河里有一只成了精的乌龟，法力无边，但是作恶多端。它像一切恶魔一样，兴风作浪，奸淫掳掠，害得两岸百姓苦不堪言。百姓们请来吕洞宾降

128 断头乌龟

妖伏魔。吕洞宾先是劝说乌龟，让它改恶从善，不要再危害百姓。乌龟哪里肯听，吕洞宾大怒，擒拿乌龟归案。这乌龟才知道天下还有人能够降伏它。它认罪服法，愿意在死后驮碑赎罪，并且再无颜面对漳河。吕洞宾斩掉它的头，使它背对漳河，永世不得再掉回头去。这样，它就永远地背对着漳河。

所以，它是一只断头乌龟，而不是通常的驮碑赑屃。它的驮碑，是以罪人之身，是民间对它的一种惩罚，而不是赑屃的一种功能。

与这断头乌龟同样让人感到奇异的是，大佛殿的 4 个檐角上，站着 4 个琉璃制作的小人。他们是周瑜、韩信、罗成、白起。他们之所以站在 4 个檐角上，是象征着小人已到绝境，走投无路，也象征着做小人是死路一条。他们成为小人，完全是以民间的道德标准和人情世故来标定的。

129 大佛殿屋脊飞檐上的琉璃小人

白起的狠。在中国历史上，白起是一个杰出的军事家。他一生善用兵，征战沙场 37 年之久，攻城掠地，战功卓著。司马迁说他：料敌合变，出奇无穷，声震天下。说他的狠，即是在上党地区的长平之战中，他不仅打败了纸上谈兵的赵括，而且还坑杀了 40 万赵军将士。至今，在长平之战的旧战场的高平一带，还吃一种食品——豆腐（即白起肉）。可见在老百姓心里，白起是一个非常狠的人。

韩信的毒。韩信和白起一样，也是杰出的军事家，他先在项羽手下，后归刘邦，随刘邦南征北战，屡建功勋。民间说他毒，大概是由于他在作战中计谋多端，而且都是置人于死地的计谋，例如背水一战、楚营插旗之类。

周瑜的小。把周瑜列为小人，这确是受了《三国演义》的影响。“诸葛亮三气周瑜”是家喻户晓的故事。在《三国演义》成书之前，民间就流传着三国故事。宋代的岳飞就表示过自己要像刘、关、张那样流芳百世的愿望。周瑜心胸狭小的故事是否也流传得那么早，很难说清。

罗成的短。罗成是隋唐演义中的人物，照着小说里的描写，罗成是一个做事很绝的人，还翻脸不认人。短，在老百姓心里包含了小、毒、狠。

这样，狠白起、毒韩信、小周瑜、短罗成就站在了大佛殿的4个檐角。这是一种警示，也是一种道德标示。他们是什么时候站在那里的呢？是建寺的时候就站在那里呢，还是后来加上去的？

大云院是一座纯正的寺院，不像多数寺院那样，诸神混杂。除大佛殿里的三佛之外，还有送子观音、药师佛，也有弥勒佛、四大天王等。道教神和民间神都没有进入到大云院内。因此，它也不像其他寺院那样香火旺盛。对于民间来说，他们需要一个离他们生活很近的神。虽然可以“家家弥陀佛”，究竟这里过于纯净，让他们生一种可敬而不可近的感觉。

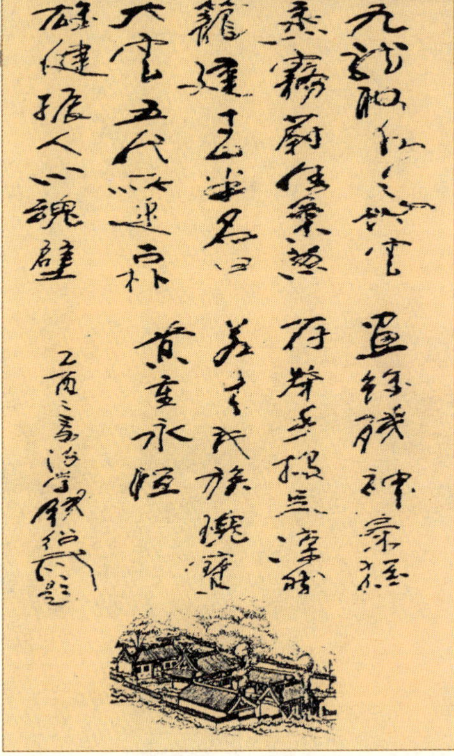

130 中国著名雕塑艺术家钱绍武为大云院题词

但，民间文化还是以一种顽强进入了这个千年寺院。它不是以神的姿态进入的，而以世俗的姿态进入的。断头乌龟的传说，是一种惩恶扬善的愿望；而那四大小人，则是以世情的平凡站在佛的四周，带着劝诫的意义。让人感到奇怪的是，近在咫尺的关于马三宝的传说以及那个传说中的奸臣刘鸿却没有在这里得到任何表现；倒是在藏兵洞的游览项目中，刘鸿作为一个奸臣成为射箭的靶子。相对于九天圣母庙，这里的民间文化的人文气息更为浓厚一些，它来自于民间，却保持着一种距离，不像九天圣母庙那样完全地溶入到民间的生活中，并成为其中不可缺少的一个部分。

131 龙门寺鸟瞰

平顺寺院

# 六 龙门沧桑——龙门寺

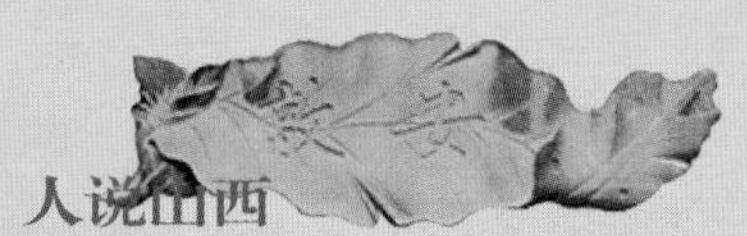

## 【1 八宝龙门寺】

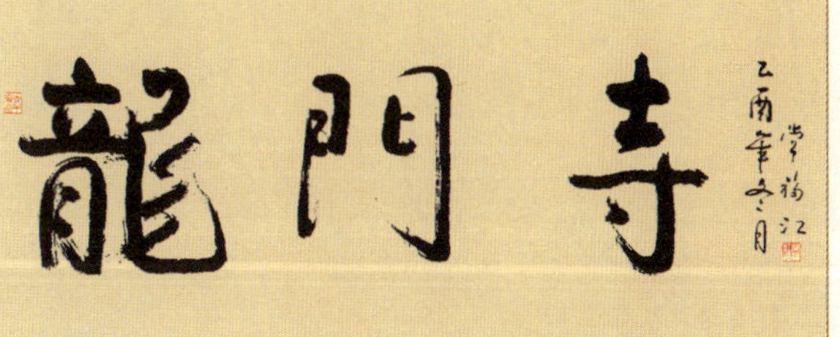


133 长治市政协主席常福江题“龙门寺”

从大云院沿漳河东行，在石城镇的一个平凡的路口折向西北，见一带清流，溯清流而上，有一个小村的名字叫源头。也许它就是指这条清流的源头，但这条清流小溪的真正源头离它还有一段路，虽然并不长。

源头是一个小小的泉眼，它是龙门寺的八宝之一——龙嘴吐水注清泉。

132 龙门寺八宝之一：龙嘴吐水注清泉

泉在一个巨大的石壁下面，与那巨大的石壁相比，它就像是一个针眼儿。泉水清冽如碧，或喷涌而出，或汩汩而出，冬夏不竭。在泉眼的前面，修造了一个方形水池，全部用石头垒砌。在泉眼的方向，雕造了一个龙头，泉水就从龙

134 龙门寺八宝之一：龙门山前有龙门

嘴里吐出，水花飞溅，清流喷涌，仿佛那龙真的可以飞动起来。此外，还有石雕的饮水槽，榨油石臼，石挡板等等。可见，这股泉水不仅是一处自然景观，还是龙门寺生命的源泉。它的生气，它的灵气，与这泉水息息相关。

到龙门寺必先看到龙门，它在龙门寺南约 1 公里处，在石壁悬崖上面有一处自然形成的拱券式石门。相专龙门山原是一条巨大的神龙，因犯了天条被贬，化做石龙禁锢在此，石门是为封锁石龙而设，故称作龙门。这一宝叫作龙门山前有龙门。

在龙门寺正面相对着的山上有一个似盆非盆的青石臼，据说这是寺院过去用来敬佛用的宝石油灯，昼夜不熄，四季长明。这就是宝石油灯昼夜明。

龙门寺正面的西南方向有一座山，叫金鸡岭。从寺院看，它确也像一只金鸡，头部雄起，鸡尾高翘。据传每天拂晓都可以听见鸡叫声。当这儿鸡叫声起时，也正好是寺院里敲响第一声晨钟之时。这一宝是金鸡报晓钟声响。

龙门寺的第五宝是幡杆预卜天阴晴。龙门寺院西侧有一座小山叫做幡杆垴。僧人在山上埋设了一根风向标杆，高有数丈，僧人根据幡布所示风向风力来预卜天气阴晴，灵验无比，如有神助。

在龙门寺的山门前面左侧曾有一株古槐树，相传三个人搂不住。在它的

135 龙门寺八宝之一：宝石油灯昼夜明

136 龙门寺八宝之一：金鸡报晓钟声响

137 龙门寺八宝之一：幡杆预卜天阴晴

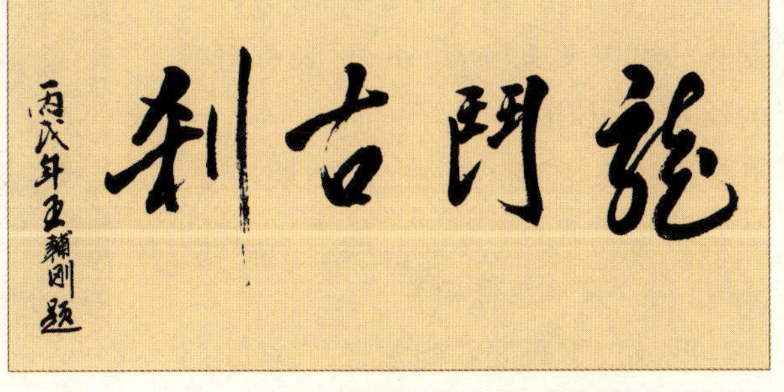

139 平顺县委书记王辅刚题“龙门古刹”

周围等距离地长着五棵檀树。檀槐枝叶相交，四季各异，别有情趣。春季花开向日笑，秋季彩叶映日红，冬季雪压枝点头，夏季树荫赛凉棚。这是龙门寺曾有的现已消失的一宝——五檀闹槐映日红。

距离龙门寺约500米的东南方向悬崖的半腰，有一处高约2米、宽约1.5米左右的石龛，里面雕刻着一尊笑面菩萨。雕工精细，差不多与龙门相对。这是龙门寺的又一宝——菩萨含笑迎嘉宾。

龙门寺还有一宝，是透明碑前正衣冠。在龙门寺的山门前面有一座碑亭。亭内有大明成化十五年（1479年）石碑一通。全碑高2.7米，宽1米，厚0.25米。螭龙圆首，雕作精致，明亮如镜，俗称“透明碑”，碑文是对龙门寺的修建考记。碑平如镜，对此可以整容正冠，见佛也不可以蓬头垢面。

138 龙门寺八宝之一：菩萨含笑迎佳宾

说是八宝龙门寺，但是这八宝都不在寺内。那半崖之上的佛龛是何人所造，不可考究。龙门所在的悬崖峭壁无路可行。在那里还发生过一件真实但又难以让人置信的事：有一年一个看电影的小姑娘睡觉过了头，散了电影也未觉，醒来之后迷迷糊糊地跟着人走，不知怎么就走到龙门上首的峭壁上。家里人找她一夜不见人，第二天有人看到她睡在龙门之上。村里的人用了各种工具才把她从那峭壁上救下来，问她怎么上去的，她自己也不知道。谁也知道那里根本无路可走，就是猴子也上不去。这就成了一个谜。这个姑娘一直活到80岁也没有说清她那一晚是怎么跑到那上面去的。

这八宝都不是传说，没有神秘感，也没有多少杜撰成分，渲染得也很有限，显得很淳朴。

141 白皮松树冠

## 【2 四棵古树】

龙门寺有四棵古树，寺外两棵白皮松，寺内两棵古柏。

过了龙门，领受了菩萨的笑迎，跨过那一道清流，再走数百米，就到了龙门寺的第一道山门前。山门原有亭台一座，两边两尊石狮。在山门的右侧，耸立着两棵白皮松。它高约15米，粗有2米。树皮斑驳，树冠如荫。树下仰望，云树相连。孤树涛声，也豪迈雄壮。倘是冬天，雪压霜结，通体一白，与山相对，傲然挺立。不过这白皮松，却是有传说的。

根据“透明碑”——明成化十五年（1479年）记载，北齐天保年间（550～559年）齐魏争战，“南阳新野内史陆机兄法聪出尘纳戒”，他从五台山云游至

140 白皮古松

龙门山，于白皮松之下修炼左拇指，禅诵《法华经》不计其数，指忽重生。嘉名声动朝野。文宣帝随传敕修寺，并赐额曰：法华。这就是说，龙门寺在最初的时候叫法华寺。

到唐朝的时候，唐太宗李世民率兵讨叛至此，看见山中烟雾腾腾，怀疑贼寇可能藏匿于山中。他带兵追到山前，只见一老僧盘坐在白皮松之上。他问这老僧：师傅不在地下，为什么坐在树上。老僧说：地下没我一寸土地，我怎么敢在地下。若是万岁肯赐给我一股之地，我方敢离树下地。李世民答应给他土地。话毕，老僧却化得无影无踪。李世民悟到这是一个圣主，遂命敬德督工建庙宇僧舍。

这两个传说，一个在树下，一个在树上，都和这树有关。也是建寺的由来和起源。

不过，究竟是传说。在清顺治八年（1651 年）重修燃灯佛大殿的碑记里，在记述了此事之后，补说了一句：未必皆真，实不明创自何代。看来，撰此碑文的老先生是一个再老实不过的人。不仅没有渲染传说，还设了一疑，这一疑，把传说的神秘感全没了。但就人们对传说的态度而言，是宁信其有，不信其无的，所以它依然代代相传。

142 修复后的龙门寺

走进龙门寺的第一院就可以看得见那两棵古柏。它们一样的高大，一样的粗壮，一样的历经沧桑。只是东边的一棵已枯死。一死一生，相对而立，都以无语记载着这千年寺院的历史。关于这两棵古柏，没有传说。只发生过一件真实的事情：当年有一盗树贼，想砍掉这两棵古柏，结果刚刚上去就掉下来摔死了。这个结果让人们感到这是两棵神树，不敢生半点邪念。因为如此，即使那一棵古柏已经枯死，也没有人再动邪念，不敢去动它半寸树皮。

两棵古柏挺拔于寺院之上，有阅尽白云苍狗、沧海桑田之势。它们的苍绿和褐黄，以蓬勃和沉重，与殿顶的瓦灰相辉映，记录了一个朝代一个朝代的更迭和兴衰。它们心如明镜，只是沉默不语。

## 【3 对一个传说的追寻】

根据“透明碑”——明成化十五年（1479 年）记载，北齐天保年间（550～559 年）齐魏争战，“南阳新野内史陆机兄法聪出尘纳戒”，他从五台山云游至龙门山，于白皮松之下修炼左拇指，禅诵《法华经》不计其数，指忽重生。嘉名声动朝野。文宣帝随传敕修寺，并赐额曰：法华。

《平顺县志》上记载说，法聪在齐

143 龙门寺前茱萸花

魏争兵之时，遁于龙门山，当时正是冬天，他坐雪诵经，不觉寒冷。又善弭虎害，祈霈泽，人呼为神僧。文宣帝诏见语悦，敕修寺：法华。

正像清顺治年间那位老先生所说，未必皆真。不过，法聪是确有其人的，确也是南阳新野人。至于是不是陆机之兄，尚未可知。陆机，让人想起西晋文学家陆机，但此陆机显然不会是彼陆机，因为陆机所处的年代要比法聪所处的年代要早得多。西晋的陆机，介入了西晋“八王之乱”，官至大将军、河北大督都，最后死于成都王司马颖的屠刀之下，时间是公元 303 年。就算那块碑上记载属实，法聪建龙门寺，已经是公元 550 年之后的事了，显然和西晋的文学家陆机没有关系。

在《中华佛典宝库》的《佛教人物传》里，可以找到法聪的传记（号为法

聪的法、禅师还有几许，这里只说南阳新野之法聪），几种说法虽不完全相同，但大致差不多。

法聪，俗姓梅，南阳新野人。8 岁出家，25 岁时，开始云游，东游嵩岳，西涉武当，最后在襄阳伞盖山白马泉筑室方丈以为栖心之宅。

那时候，他已经有了名气。梁晋王慕名去拜访他，将到他的禅室时，马却无故退却，不能近前。晋王惭愧而返，夜里还做了一个噩梦。后来再去，马还是像以前一样退却不前。晋王只得洁斋躬尽虔敬，这才进见。他走到寺侧的时候，看见一条山谷猛火洞燃，过了一会儿，火又变为水。他停顿良久望视，忽然看见现出一座水灭堂。他一打问，才知道这时正是法聪入水火禅定之时。

晋王走近法聪的禅堂，只见法聪的绳床两侧各有一虎，晋王不敢进。法聪便按下虎头，使虎闭上眼睛，这时晋王才敢进去。晋王说出此行的目的，原来境内多弊虎灾，请求法聪救援。法聪随即入定，须臾，便有 17 只老虎来到禅堂。法聪便让它们受三归戒，不许它们再犯暴百姓。又命弟子以布系于诸虎脖子上。同时，让晋王与虎七日之后，再来这里。

满七日之后，晋王准时在这里设

144 大禹岛风光

**龙门寺·陈广斌**

太行山中古寺院，昔日恢宏依稀见。
门前奇石蕴天机，殿后青峰吐龙涎。
六朝古刹风雨磨，千年老松枝叶繁。
山含灵气佛含笑，凡人到此亦成仙。

斋，所有的老虎也到了。法聪把老虎脖上的布解了下来，从此，再没有虎害。

法聪所在的白马泉中，有白龟，法聪说它是雄龙；还有一道灵泉，里面有五色鲤鱼，法聪说它是雌龙。它们都可以从法聪手中取食。

晋王看到这些奇异的事，遂上表奏闻，下敕为法聪造禅居寺，又敕在法聪的住处造灵泉寺。周时改为静林寺，隋改为景空寺，到唐代还沿用隋名。

法聪所住的禅堂里，有白鹿白雀，已经完全被法聪驯化。更奇的是，荆州苦旱，长沙寺遣僧至法聪处祈雨。法聪使用法术，等到祈雨的人回到长沙寺时，陂池皆满。

法聪最后无疾圆寂坐化于江陵天宫寺（也有一传记说他遁隐荆部神山），终年92岁，时间大约是梁太清年间（547～549年）。也有记载说是梁大定五年九月，“大定”是南朝后梁宣帝年号，大定五年是559年。

除了他的事迹有些神化成分，他圆寂坐化的时间、地点、年龄都有确切的记载。在这个传记里，并没有说法聪到过上党地区。

看那碑文上的记载，好像法聪的左拇指是少了一截或是彻底断了，要不怎么诵念《法华经》不计其数之后，“指忽重生”了呢?碑文上说的“文宣帝”可能是北齐的“文宣帝”，他在位10年（550～560年）。倘是后梁宣帝，他于555年才即位。按《佛教人物传》里关于法聪的传记，550年他已83岁，555年他已经88岁，显然不可能到上党地区来，也不可能在这里创立“法华寺”。清顺治八年那位老先生可能也考证了一番，所以才说“未必皆真”。

也许，法聪建寺的事情是真实的，一个修行到那个程度的僧人，八十多岁到上党地区来也未必不可，龙门寺确是创建在北齐时代。

还有一种可能，那就是法聪的弟子们从襄阳来到龙门山，建立了龙门寺，他们尊法聪为祖，并把法聪神化。碑上的记载和法聪的传记说法不一样，那位树上的老僧，显然也是法聪的化身。

当然，这只是一种猜测。

## 【4 深　处】

龙门寺成为龙门寺，是在北宋的乾德年间（963～967年），是奉敕而改。平顺县志上载龙门寺改名是北宋太平兴国年间（976～983年）。在此之前，它是“惠日院”，什么时候成为“惠日院”的不得而知，是否和唐代高僧慧日禅师有关，也不得而知。也许是出于佛的智慧如红日，无所不照之义，也未可知。

145 天王殿

龙门寺的山门是天王殿。它建在高高的青石砌成的基座上，走上台阶才可以到达门前。当心一攒的补间斗栱犹如开在檐下的一朵花，十分醒目，真也是与檐和顶争抢着人们的视线。整个殿宇构造灵活，外形秀美和谐，各部件比例适中，梁枋断面不尽一致，悬山式屋顶。那明间补间出 45 度的斗栱，显示着金代建筑的特有风格。

走过天王殿，迎面而来的就是大雄宝殿。这是龙门寺的正殿，也是寺里最大的建筑。它创建于北宋绍圣五年（1098 年）。在中国建筑史上，这是一个新的时代，唐代建筑的雄浑大气已经被精致细腻、法度森严的宋式建筑所代替。它面宽进深各三间，平面近方形，单檐歇山顶，斗栱无补间铺作。明间设门，两次间设窗，背面仅明间设门，而没有设窗，可前后穿通。它和纯粹的木结构建筑不同，它的前檐四柱与后檐两柱，均是抹角石柱，石柱上刻有创修铭记和施主姓名，至今还十分清晰。它有一个高高的台基，基前不设月台。它经过了明、清两代的修饰与翻修，但宋代建筑特点还是保留得很鲜明。

大雄宝殿的西侧，是西配殿。它创

146 大雄宝殿

建于五代时期后唐同光三年（925 年）。它面宽三间，进深四椽，平面长方形。单檐悬山顶，屋顶平缓，结构简朴，唐风显著。明间设板门，两次间设直窗棂，殿内无柱。它在古建筑史上的意义在于它是中国现存的五代时期悬山顶建筑的唯一实例，在结构上，是国内现存木结构建筑中用驼峰、侏儒柱代替大叉手的最早实例。立在大雄宝殿门前的五代后汉隐帝乾祐三年（950 年）的经幢，以文字的形式展示了它的创建与存在。

147 大雄宝殿的斗栱

与西配殿相对着的是东配殿，这是一座明代建筑，它的创建年代不详，重建于明弘治十一年至十七年（1498 ~ 1504 年），风格已与西配殿迥然不同。它面阔三间，进深四椽，是单檐硬山顶。前后有插廊。山墙的前后有细腻的砖雕图案，内容各不相同。在后门两侧写有对联：紫竹林中自在仙，百花山上逍遥乐。横额上写

148 大雄宝殿背立面

149 西配殿

着：南海大士。表明着这里是南海观音的殿堂。

穿过大雄宝殿，就可以看到后殿——燃灯佛殿。它坐北向南，三开间，悬山顶，柱头上的斗栱仅设于前檐。它的最后一次整修是在清顺治八年（1651年），创建年代是在元代。这从它的梁架构件均为自然材料稍加削砍便使用、断面极不规整的特点上可以看出。

除去这五处主要的建筑之外，在东线建有圣僧堂、水陆殿、神堂、钟楼（大钟为明成化年间铸造，上有铭文、图案、题记）、僧舍等。在西线建有僧舍、库房等。东西线的建筑多为明末清初所建。

这是一座古建博物馆。在这里汇集了五代、宋、金、元、明、清六个朝代的建筑实物。漫步其中，既可以感受大唐建筑遗风，也可以领略宋、元以来建筑风格的变迁。

一般说来，一个寺院里最早的建筑物应该是正殿，大都坐北朝南。即使后来建大雄宝殿这样的主要殿堂，也大都坐北朝南。但作为最早建筑的西配殿却坐西朝东。辽代的建筑有坐西朝东的习俗，因为契丹民族崇拜太阳，东方是日出的地方，是圣地，所以许多建筑坐西朝东。不知为什么，这座五代时期建造的西配殿也坐西朝东。

在宋代，大雄宝殿成为寺院的主要建筑，里面安置和供奉释迦牟尼佛。可以想像，龙门寺的大雄宝殿也是这样的。不过，现在，大雄宝殿里的佛像已不复存在，代之的是另一种文化景观。

150 东配殿

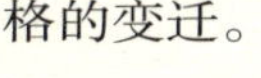

走进第一道山门，就可以看到天王殿两边有两行大字：勤工俭学，勤俭办学。它多少冲淡了这样一座古寺的神秘气息，让人立刻想到里面的琅琅书声和孩子们的欢叫声。的确，这里曾是一座学校。

中华民国初年，平顺县在龙门寺创办了平顺第二高小。在那个时代，这也是一所重要的学府。与龙门寺相同的还有一处全国重点文物保护单位——淳化寺，至今还是一所中学的所在地。淳化寺的学校，也是在民国初年就办起了，寺里有创办学堂的碑记。

平顺县第二高小创办之后，它的主教室就在大雄宝殿。可以想见，那个时候，寺里的僧人已经不多，而众多的僧房无疑是学生的好住处。把学校办在深山里，大概也是因地制宜，就地取材。

这所学校初办的情况，能够回忆的人不多了。当初的大雄宝殿是什么样子呢？里面的大佛像哪里去了？现在无从找寻。办学的究竟是有文化的人，也懂得这座殿里的东西的价值，所能做的就是用一层石灰泥把原来的壁画盖起来。他们想到若干年后，剥掉那层石灰泥，那壁画就可以重见天日。但他们也没有想到，多年以后，剥落那层石灰泥是一件非常困难的事。

*151 保存完好的僧舍*

大雄宝殿里的东西肯定散落到其他各个殿堂里了，现在还可以看到一些零碎的佛像、石雕之类的东西，也许原来就是大雄宝殿里的。佛家的教义是否熏陶了住进大殿里的那些老师和孩子，不得而知，但是学校的烟火确凿地给这座千年大殿留下了印记。上下课的铃声代替了佛寺里的晨钟暮鼓，琅琅书声取代了僧人们的诵经和参禅打坐。

到抗日战争时期，国民党军溃退的时候可能还到过龙门寺，随之是日军的扫荡，学校只好搬迁。学校一走，这里的人迹就被山中的风雨云雾所代替了。只有那苍苍松柏无言地记下这一切。

152 大雄宝殿内所设学校整修记

153 大雄宝殿墙上的标语

学校迁回龙门寺，是中华民国三十八年（1949 年）五月的事了，这时候，战火已经熄灭，一个新的中国正在诞生之中。学校遭到破坏，许多房屋已经不能再住。于是，上级拨来 1300 斤小米作为资费，重新修缮。所幸工程并不浩大，很快得以完成。学校重新开课。这一史实，校长亲自记在一块用土坯垒成的墙上，照例是石灰打底，用毛笔蘸墨书写。这是一块特殊的碑，虽然与这千年古寺极不协调。

既是学校，那么就很快地溶入到新的生活中，怀旧对它来说是不适宜的。龙门寺外墙上的口号显然是 20 世纪 50 年代的，大雄宝殿周围的墙上写满了那个时代的口号，例如：鼓足干劲，力争上游，多快好省地建设社会主义。而在大雄宝殿的外部梁架上还绘着古香古色的彩绘画，它们就这样奇特地组合在一起，成为一道同样奇特的文化景观。

在殿内，那一道墙已经耸立了半个多世纪。人间的烟火把许多字迹已经遮盖，而且墙体亦有部分坍塌。与它相对应的是四面墙上剥落出的部分壁画。它们的颜色依然艳丽，线条飞动。从人物形象看，几乎全是女性，形体丰满。与唐代的女性形象相比，它多了一些妖冶，少了一些唐代女性那种丰润、祥和、宁静、

154 大雄宝殿壁画之一

155 大雄宝殿壁画之二

156 大雄宝殿壁画之三

157 大雄宝殿壁画之四

雍容华贵的气度。在脸部形象上，它突出了刻意雕琢的部分，减少了自然朴素的风韵。在没有露出壁画的部分，是学校曾经存在的标记，汉语拼音，课程表，学生作业，如此等等。只有那些梁架斗栱，以凌驾于它们之上的姿态，注视着古老的与崭新的是怎样融合在一起。总会有一声叹息，也许是这千年古寺发出的，也许是那些鲜活的学生们发出的。

20世纪60年代，学校迁走了，这里彻底地宁静了。这时候，龙门寺一个僧人也没有了，那口明成化年间铸就的大钟再也没有发出声音。

## 【5 僧　人】

清顺治四年（1647年）的五月初十，龙门寺发生了一件奇事。当时寺里的小和尚寂聪戌时被一只老虎唧去。人入虎口，九死一生，恰在这时，有一白须老人驰至，对老虎说：此人不该死，把他放回。于是在第二天的酉时，寂聪和尚匍匐抵寺，安然无恙。虎听人话，这当然是传说，显然是法聪善弭虎害传说的延续。那个白须老人，无疑就是法聪的化身。

《平顺县志》记载这件事时，寂聪和尚仍活在人间。也就是说，这件事是千真万确的。这至少给人一个信息，清顺治时寺里还有僧人，而且不会少。在

158 僧舍修建铭记

清同治八年（1869 年），龙门寺的西院新增修了 17 间僧舍，一次修这么多的僧舍，说明当时寺里新增加了僧人。

从碑记上看，龙门寺在后唐时已有殿宇五十余间，那时大雄宝殿还没有建成，这五十余间殿宇除西配殿外，可能就是僧舍和其他的生活用房。经过不长的时间，到北宋建隆元年（960 年），距西配殿的建成也就三十多年，它的殿堂寮舍已数盈百间。这个时候，大雄宝殿还没有建成，也就是说作为一个寺院的主要建筑还没有完成。这时突然有这么多的殿堂寮舍，可能与后周灭法之后，大量僧人为避迫害、遁入深山有关。在时间顺序上，龙门寺是先有众多的僧人，然后才有相应的建筑规模，而不是相反。历史上，龙门寺的僧众多达 300 多人，就现存的僧房和遗址来看，这确有可能。元代的时候，寺院方圆七里，山上山下地庙皆属寺院所有，无俗家地宅，可见当时的规模之大。

龙门寺的僧人众多，从那龙嘴吐水上也可看得出来。那不是一个简单的取水之处，是经过精心修建和雕琢的，那石挡板、水槽、榨油的石臼、那吐水的龙嘴，做得都很从容。这一汪清泉，是龙门寺僧人的生命源泉，也是整个龙门寺的灵脉所在。

还有，作为龙门寺八宝之一的“菩萨含笑迎宾客”，那个半山上的小小石窟，虽然不能断定它是何时所凿，但无非是两种可能，一种是先开凿的石窟，后建寺院；一种就是寺院到一定规模的

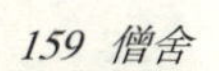

159 僧舍

160 坍塌的僧舍

时候，专人在那里开凿出一个石窟。从它的命名来看，它后来开凿的可能较大，那就是寺院已经繁荣，专门在那里开凿出一个石窟。

据记载，龙门寺在元代曾遭兵火燹灭，具体年代不详。从寺院的建筑看，它从明中晚期开始逐步恢复。在明末清初又达到一个鼎盛时期。东配殿的对联让人想起《西游记》里紫竹林中的南海观音，那自在与逍遥带有鲜明的民间文化的活泼气息。

虽没有留下详细的文字记载，但从现存的生活设施，也可以想像当年僧人们的生活。禅堂、大殿的诵经功课不必说了。院内的石辗石磨尚存，仍然可以转动。僧人们就是在这上面把玉米、小麦磨成面，或许还可做豆腐。有一年，一个韩国的访问团到龙门寺，搞不清那石磨是干什么用的。语言不通，陪同的人也无法说清，情急之下，比划说那是做豆腐的。韩国人对豆腐并不陌生，一下子就明白了。尽管那是情急之下的说法，说不定那石磨确也磨过豆腐。

山门的外面，透明碑的碑亭边，有一个石盆，底部专门凿一

161 僧人们使用过的石磨、石槽、石臼

出水口。这个石盆可以洗衣，也可以饮马。僧人们从地里干活回来，在这里可以洗净尘土，干干净净地走进佛殿、禅堂。

当着金鸡岭上的金鸡报晓的时候，僧人也正敲响第一声晨钟。在这悠悠的钟声中，他们可以看到寺外幡杆坳上经幡的飘动，以先知的神态预知当天的天气状况。天上的云霞与风雨，都在那幡杆上展现着，尽入他们的眼底。

方圆七里的土地，可以让僧人们过着富足的生活，也让他们像农民一样春种秋收，把汗水洒在土地上。或许，他们中有许多人并不是出家为僧，只是为解生活之困，投入寺中。在这里他们也可以过着和外面一样的生活，只是身上多了一袭袈裟。甚至让人怀疑，源头这个小村庄，它的第一户人家是否就是一个还俗的僧人呢？

在寺外的西沟，有龙门寺的祖师坟茔一座，另外在东南坡有十余处僧人墓地。这样的墓地规模和寺院的规模似乎不太相应。不像金灯寺有那样大的一个墓塔群。关于龙门寺的创建人法聪，记

*162 源头的泉眼*

*163 另一处僧舍*

载得也不算详尽，也不像金灯寺的芊禅师，有一座千佛塔来纪念他。这似乎也说明，尽管龙门寺僧人众多，大约流动性也大。最后死在寺里的、或者埋葬在这里的不多。

虽然龙门寺有过那么大的一个僧人群体，但是，民间俗文化的进入却十分有限。不论从现存的佛神看，还是从破碎的甚至流失的东西看，民间俗文化在这里的表现十分微弱。民间的故事、传说，民间所崇拜的各路神仙都没有在这里有什么地位，寺里几乎是清一色的佛教场所。它所在的石城镇，曾是后赵石勒在这里屯兵储粮的地方，又是平顺北部地区一个重要的经济流通区，历史上也曾十分繁荣。龙门寺有那样一个僧众群体也与这个原因有关。在这样一个环境下，民间的文化信息却没有在这里有效地储存并光大。这是十分奇怪的。

僧舍在东西院的后院，多是双层土木结构建筑，如今大部已坍塌。人去屋空，把活气带走了，它们也就不会存在得太久。只有那些树、草和野花，依然一年一度地蓬勃和怒放，展示着生生不息的生命循环。

夕阳残照，暮色苍茫。风，无声地吹过那苍苍古柏，让人觉得凝结在时光里的东西太多，也太沉重。这是一个让人需要驻足的古寺，在漫长的时光里，它一点一滴地积累着，又一点一点地填充着属于自己的空间，直到这时间和空间拥有了特殊的意义。

## 【后记】

写这样的一本书，对我来说不是一件轻松的事。对于平顺，我知之甚少，除了李顺达、申纪兰等劳模外，其他的了解近乎零。接受任务之后我先想到我的朋友郭生竑，他是长治市博物馆文物研究室主任，对文物及古建筑颇有研究。他帮我和平顺方面联系，很快就联系好了。找到县文物旅游中心段志岗主任，段主任非常热情，非常支持，马上安排好一切事宜，一点价钱没讲，我心里的一块石头总算落了地。接下来是在平顺的数天考察，由县文物旅游中心的申鹏陪着，小伙子虽然搞旅游时间不长，肚子里东西还不少，连陪同带讲解，司机累得够呛，他更够呛。

我刚到平顺，县文物旅游中心的宋文强副主任就把他整理的有关资料一古脑儿地提供给了我。这让我感动，我和他素不相识，一面之交也没有。他提供给我的资料是十分专业的，是他多年工作的心血成果，对我帮助极大。“山西是东方建筑艺术的博物馆”，别的地方不说，仅平顺一处，就有着全国罕见的晚唐建筑和五代建筑。本书写到的平顺的六个景点，金灯寺是石窟建筑，明慧大师塔是佛塔建筑，天台庵、大云院、龙门寺、九天圣母庙是寺庙建筑，而且除九天圣母庙外，其他都与佛教有关，而它们的价值恰好都体现在建筑上。

由于金灯寺、天台庵、大云院、龙门寺、明慧大师塔都是佛教建筑，所以不可避免地涉及到佛教的有关内容，虽然佛教与民间文化的融合程度是比较高的，但究竟佛教还是佛教。写这些内容我知道纯是吃力不讨好的买卖，光有明知山有虎、偏向虎山行的勇气不行，但我只能够做到这一步，不会再好了。所幸我的文笔还算是比较活的，能不死板的地方可以做到不死板，不打紧处让人一笑，就算是尽了大力了。

照例，我应该列出一个参考书目，表示对别人的劳动成果的一种尊重，可是我看的东西又多又杂，竟想不出到底是哪本书是最主要的。所以我偷一个懒，不再一一列出，在这里一并表示感谢。应当说，这本小书绝不是我一个人的劳动成果，它是由许许多多人的心血凝成的，我不过把它们变了一个样儿而已，不过，我要特别感谢为本书提供了多幅摄影作品的任峰民、李仲勋先生。

164 大云院壁画（五代）

## 不妨看看

**淳化寺**　位于平顺县城东北50公里的阳高乡阳高村中。南北群山叠嶂，山峰耸峙；东西与民宅相依，农舍密布；寺前近临深谷，漳河水由此缓缓穿流而过，甘林公路由寺前东西贯通。这里风景独特，交通便利。据《平顺县志》（清康熙三十二年〈1693年〉）记载：寺院始建于南北朝北齐天保年间（550～559年），初名龙门禅院。北宋开宝年间（968～976年）因寺院倾塌而重建。北宋淳化二年（991年）改今名。后历代均有增建与修葺。寺坐北向南，原为两进院，占地700平方米，现仅存中殿一座。广深三间，六架椽屋，单檐歇山顶。明间前后辟门，用作过殿。柱头斗栱五铺作单抄单下昂，昂呈批竹式。殿内梁架结构简洁规整，用材较大，为彻上露明造。

*165 淳化寺经幢*

*166 淳化寺外观*

屋顶琉兽、筒板布瓦装饰，色调形成显明对比。四翼起翘，飞檐凌空，宋式风格显著。殿左侧方丈院内竖立石幢两座，高约3米。须弥式圆形基座，四周浮刻仰覆莲花瓣，图案清晰，刻工精细。幢身为八面八角形，第一层阴刻楷书“尊胜陀罗尼经”、“金刚若波密经”，由禅院住持僧道贞书，字迹清晰可辨。第二层幢顶六坡水式，圆形宝珠项，各面拱形佛龛内雕刻造像，姿态自若，神情娴静。幢刻制于北宋开宝三年（970年），距今已有一千多年的历史。殿墙嵌重修碑1通。2001年6月25日，国务院正式公布为第五批全国重点文物保护单位。

**佛头寺**　在平顺县城东北50公里的阳高乡车当村中。四周群山环抱，沟壑纵横，林木苍翠，景色宜人。寺院建在村中一土丘之上，原为两进院落，现仅存佛殿一座。殿宇高峙，飞檐凌空，显得古朴壮观。佛殿面阔三间，进深四椽，平

167 佛头寺外景

面近方型。单檐九脊顶。殿内梁架四椽栿对后搭牵用三柱，梁架简洁，用材规整，彻上露明造。柱头斗栱五铺作出双昂，昂呈琴面式，昂嘴已被后人截取。明次间各出补间斗栱一朵，形制略同柱头铺作。明间辟门，用板门两扇，方形门簪为明代更换之物。两次间为破子菱窗装修，形制古朴。殿身较短，斗栱约为柱高之半，延续了早期建筑的手法。殿顶脊兽皆备，筒板布瓦，琉璃剪边，出檐深远，举折平缓。寺院虽无碑刻题记等确切纪年的记载，但从梁架斗栱形制分析，仍不失金代以前的建筑风格。1996 年 1 月 12 日，山西省人民政府公布为第三批省重点文物保护单位。

**北甘泉圣母庙**　北甘泉圣母庙位于平顺县苗庄镇北甘泉村西北，创建年代不详，历代修葺情况无考。现存一进院，正殿为元代建筑，其余为清代重建，正殿面阔三间，进深六椽，单檐悬山顶，

168 北甘泉圣母庙内景

六架椽屋四椽栿对前乳栿用三柱，前檐辟廊，斗栱五铺作，单抄单下昂，无补间铺作，门窗装修均已不存。献殿面阔三间，进深五椽，单檐卷棚顶。2004 年公布为山西省重点文物保护单位。

**西青北大禹庙**　此庙现存单进院，大殿为明代建筑，面阔三间，进深四椽，单檐硬山顶，前檐辟廊，七步架前檐抱头梁，通檐用三柱，柱头科五踩双昂，平身科每间一攒，内檐装修完好，明次间各施六抹头槅扇门四扇，梁架斗栱彩画完好。2004 年公布为山西省重点文物保护单位。

**北社大禹庙**　北社大禹庙位于平顺县北社乡北社村西北，创建年代不详，明、清皆有修葺。现存一进院，中轴线上自南依次有山门（上为倒坐戏台）、献殿、大殿，两侧有夹楼、廊房、配殿、耳殿。大殿主体结构为元代，石砌台基，面

169 北社大禹庙外景

宽三间，进深四椽，单檐硬山顶。梁架四架椽层三椽栿对前搭牵通檐用三柱，斗栱四铺作双下昂，内檐斗栱四铺作。庙内存清代重修碑一通，碑嵌于大殿东山墙，圆首青石质碑身，碑文记述庙创建年代无考，明正统年间（1436～1449年）重修正殿、乐楼，清乾隆四十七年（1782年）创建侧殿，重修夹楼，嘉庆七年（1802年）再次重修配殿、戏台、夹楼、耳殿等。2004年公布为山西省重点文物保护单位。

170 北社大禹庙乐楼

**三晋第一碑**　三晋第一碑位于平顺县东寺头乡东寺头村西北五龙垴山顶，通体摩崖雕刻，螭首方额，通高9.57米，宽4.35米，碑体之大三晋居首，因而得名。

该碑创建年代无从详考，民国年间《平顺县志》载：“按查丰碑体魄雄伟，原来镌刻漫灭全无……平生所见摩崖均无此削蚀殆尽，确知其非秦汉以下之物也。”该碑隔山往北有北魏时期摩崖佛像三龛和妙轮寺遗迹，结合碑体螭首

171 三晋第一碑

做法，该碑最晚应在北朝时期雕造。现存北宋、明两代碑文五篇，排列无序，最早者为北宋大观元年（1107年）济南朱进忠题，余者为平定陈卿起义后，山西按察司分巡冀南道庆阳陈大纲和平顺县第一任知县高崇武等题。

**夏禹神祠**　夏禹神祠位于阳高乡侯壁村东北禹王垴上，背临浊漳河，地势高峻，庙宇巍峨壮观。据初步考证，该

172 夏禹神祠

祠创建于元至元二年（元代有两个至元年号，刻记无干支纪年，无法确定公元纪年），明、清两代皆有修葺。现存四合院布局，中轴自南依次为山门（上为倒座戏台）、月台、正殿，两侧为耳房、东西廊房。正殿保存了创建时的形制，单檐悬山顶，面阔三间，通面阔 9.5 米，进深六椽、10.1 米，平面近方形，前檐辟廊，柱头斗栱四铺作，补间铺作前檐每间一攒，做法略异于柱头铺作。前檐金部明间设板门，两次间设直棂窗。铺作同前檐。梁架六架椽屋四椽栿对前乳栿，通

173 夏禹神祠月台

檐用三柱，柱头卷杀和缓。柱础为青石覆莲式。

**虹梯关铭** 在平顺县城东 25 公里茉兰岩乡碑滩村中。由碑座、碑身、碑帽三部分组成。通体用坚硬的青石雕造而成，高 2.7 米，宽 2.25 米，厚 0.3 米。碑座埋于地下，碑身近方形，碑帽呈半圆形，

174 虹梯关铭

碑上原设计建造四角形碑亭一座，因故仅放置了柱础而未建造屋顶。相传，明时严嵩与夏言明争暗斗，严嵩奏夏言在太行山为自己树碑立传，居心叵测，后夏言被贬，立碑之事由此终止。

碑铭刻于明嘉靖八年 （1529 年）。正面阴刻铭文，内容是："玉峡关西来百

175 虹梯关铭局部

余里，近蚁尖寨，千峰壁立，中通峭峡，壮如风门。而小下则无底之壑，石蹬齿齿，盘廻霄汉，望之如虹霓，然比岁青羊之冠，凭负以拒汴师者，此也。故号虹梯予易以今名，亦固以为美焉，从而铭焉。石崖攀天，仄蹬千廻，仰瞻失明，俯临蔽霾，铁壁勾连，谽谺中开。观者骇魄，行子心摧。亘如长虹，横绝天阶。彼昏者氓，肆其喧豗。爰据培塿，以抗震雷。卒于大刑，亦孔之衰。太行之阿，大河之限。关门弗严，惟帝念哉。北山有石，南山有材。经之营之，突然崔巍。侍臣作铭，以诏后来。”此铭文由明嘉靖礼部尚书兵科给事中夏言撰书，楷书五寸见方，笔法流畅，刚劲有力，刻工精湛。铭文仅 199 字，便将立碑事由及本地环境风貌描绘得淋漓尽致。1986 年 8 月 18 日山西省人民政府将其公布为第二批省重点文物保护单位之一。

**太行水乡** 太行水乡旅游区总面积 439.7 平方公里，是太行山脉十大峡谷之一。浊漳河流经县域 53 公里，而又名“百里水乡”。这里群山巍峨，绝壁对峙；大河滚滚，悬瀑飞泻；深潭平湖，碧波荡漾；杨柳依依，稻谷花香；鸳鸯对对，野鸭成群，一派田园风光，江南景象。开发有恐龙谷，柳树湾，天鹅湖，小三峡，华野漂流，五处国保文物，三处省保文物点缀山间，人文自然交相辉映，是太行山旅游带的知名景区。

176 平顺水乡

**西沟村展览馆** 西沟，是新中国农业战线的一面旗帜，是新中国农村发展的一个缩影；西沟，是全国著名劳动模范李顺达；全国著名劳动模范、一至十届全国人大代表申纪兰的家乡。

177 西沟展览馆

西沟展览馆、李顺达故居、互助组雕塑群、金星峰、纪念亭，再加森林休闲、田园采摘、农产品开发等，形成了红绿相融、集观光游览与接交教育于一体的爱国主义教育基地和“全国农业旅游示范点”。

西沟距县城 7 公里，交通便捷、环境优雅。李顺达创建了全国第一个农村互助组，申纪兰举起了男女同工同酬大旗，一个小山村走出两位全国劳模，见证了中国民主法制的发展进程，多次受到党和国家领导人亲切接见和高度赞扬。

## 名人纪事

**陈卿** 陈卿的老家在今平顺县一个叫石阜头村的地方，不过当时这个地方归潞城县，他从这个村子走出去，在潞城县衙做了一个掌管粮库的小吏，应当说这还是一个不错的差事。明王朝走到正德年间，社会矛盾激烈，整个王朝已经到积重难返的地步，苛捐杂税一日重于一日，再加上灾荒连年，民间的苦难日深，民不聊生，甚至骨肉相食。陈卿虽为衙门小吏，但良知未泯。出于对家乡饥民的同情，把所管粮库的粮食私分给家乡的饥民以解饥困。因此他以“因粮忤官”罪被革职回家。太行山本来石厚土薄，至今整个平顺县面积超过 10 亩的地块寥寥可数，陈卿回到家乡依然是走投无路。他的家族大约都是农民，官府盘剥，灾荒连年，天人合逼，把他们逼上了青羊山。在明正德十年（1515 年），陈卿和他的父亲、伯父、叔父、弟弟占据青羊山，依山为寨，纠集村人，招罗兵士，抗差役，拒赋税，走上和明王朝武力对抗的道路。第二年，有人向官府告密，他们中有人被捕，但却更坚定了陈卿父子与官府对抗到底的决心。于是他们不再满足于在青羊山单独和官府对抗，而是联络更多的农民义军归到青羊山寨来。其后的几年里，先后有山西、河南几股农民义军加入到他们的山寨，力量更加壮大。嘉靖元年（1522 年），陈卿父子率青羊山上农民义军揭竿而起，公开举起了反抗明王朝的大旗。

青羊山地处太行腹地，形险地偏，山高林密，是绿林好汉们啸聚的良乡佳地。旗号一打出来，潞州官府当然不能等闲视之，即派官兵进剿。剿了两年，没

有结果。官府里也有聪明人，经合计，潞州官府派黎城县知县杨良臣上青羊山，对陈卿他们进行招抚。杨良臣不愧是良臣，居然骗取了陈卿父子的信任。本来，青羊山上的人们是被生计所迫，一旦一线生机露在面前，他们也不愿再出生入死。但结局是陈卿父子被捕，问了死罪。

嘉靖三年（1524 年）九月，青羊山已是秋风萧瑟。陈卿父子被押解上路，目的地是汾州。他们心里明白，那里将是他们的断头葬魂处。然而在那最绝望的时刻，陈卿却没有放弃希望，就在押解的途中，他成功逃脱。他逃脱的细节，史书上没有记载，民间也没有传说，无从查考。确切的是，陈卿逃回青羊山。也许，正是在他逃回青羊山的时候，也正是他的父亲饮刀殒命的时候。一切幻想都没有了，剩下只有继承父志，再聚人马，重整旗鼓，与官府对抗到底。他重新“张旗建号”，聚合了数股农民义军，轰轰烈烈地干了起来。

《新建潞安府记》里曾记载：“青羊之盗，势使之地，哄然群起，操梃为兵，据险为穴，出没为害，连及旁郡，有司旋视，不可扑灭。”可见，他的势力已经到了潞州官府无可奈何的地步，甚至山西、河南两地的巡抚都御史合兵围剿都没结果。黎城、潞城、壶关、林县等地被陈卿占领，形成了“北倚太行天险，虎视豫北平原，凭此以拒汴师”的局面。

嘉靖五年（1526 年），山西都指挥霍锦调集 1.5 万人马，对陈卿进行第二次大规模的进剿。这时候的陈卿已有数万人马，官军对他的这一次进剿，反而使他顺势取得了太行山南部的 7 个州府的控制。由此可见陈卿已从一个粮库小吏成为一个富有经验的军事指挥者，同时也可见那些被官府逼得走投无路的农民们的战斗力。《新建潞安府记》里的记载，是潞安府建立之后的记载，看来编撰者倒也没有说谎。

山西、河南解决不了陈卿，问题自然也就到了京城。这时的嘉靖皇帝也还没有像后来的 20 多年不理朝政，震惊和斟酌之后，下令山西、河南、山东三省会剿。官军势力虽大，但是打得也很艰苦，消灭农民起义军也不是一件容易的事。关键时刻是河南林县衙门的主簿郝世昌给官军出谋划策，指点了一条可以抄陈卿后路的路。在大势已去的情势下，陈卿拼力死战，誓不投降，结果全军覆灭，自己终落敌手，解往京城，被处以凌迟。

陈卿起义，在明王朝还不算是一次大起义。但是在上党地区，却是历史上一次大的农民起义。也许他生前并没有过当皇帝的愿望，但他死后，却因此诞生了一个平顺县，一个长治县，一个潞安府。也可以说这一府两县的建立是因他而成，这也许是他起义的时候没有想到的。

他死后，平顺县建立，这时候的文人学士们才开始发现青羊山的美丽，并把“青羊卧月”列为平顺八景的第一景。而它对面的彩凤山，也以“彩凤仪春”名列平顺胜景。

**夏言**　夏言，字公谨，江西贵溪人。父亲做过临清的知州，算是官宦家出身，明正德十二年（1517年），夏言中了进士。嘉靖皇帝即位的时候，他已是兵科给事中，给刚刚上任的嘉靖帝上了一道疏，颇得嘉许。在嘉靖一朝，夏言是一个重要的人物。他当过首辅，也当过太子的师傅，武英殿大学士，几起几落，与严嵩争来斗去，最后让嘉靖皇帝给了一个身首分离的弃市结果。夏言大概是那种心高气傲的人，对嘉靖皇帝也不大在意，皇帝赐给的香叶冠也不戴，青词也写得潦草敷衍，而他不愿意做的事情，严嵩却做得分外认真。当然这不是他身首异处的全部原因，但至少可以说明夏言的一点心性。

青羊山的事情报到朝廷，嘉靖皇帝不可能不震惊，因为这是在他上任之初正想有所作为的时候。大学士杨一清的奏章正说到嘉靖皇帝的痛处：“臣恐民穷盗起……以潞城为得计，相率效尤，天下之乱由此始也。”嘉靖皇帝不敢有半点轻慢，随即下令山西、山东、河南三省会剿。山西、山东、河南三省10万大军，向青羊山扑来。经过几年的发展和战斗，陈卿的部队已不是不堪一击的草寇，何况还有百姓的支持。战役进行得并不顺手，嘉靖七年（1528年）十月，山西巡抚和河南巡抚两个大员领兵夹击，一直打到年末，胜负还未决。这时候一个叫郝世昌的河南林县衙门主簿，向官军出谋划策，指点了一条后路。官军这才占领了一个叫阱脑山的制高点。一场激战过后，陈卿的部队受挫，将领有的被俘，有的战死，兵士还被招抚了一部分。陈卿率部在寺头一带抵抗一番后，为保存实力，退入马武寨，凭险固守。

陈卿以一山之寨，难抵几万大军。官军修堡筑垒，步步进逼，当时的指挥者想起田单的火牛阵，把这一招也用上。绝望再一次显现在陈卿面前，他没有退缩，但他没有办法挡住别人的退缩，在此情况下，被招抚的人竟达万人之多。陈卿别无选择，只好突围，然而，突围的路也是死的。

青羊山的战火熄灭，嘉靖皇帝总算松了一口气。他对主战的夏言备加重用，派他到青羊山来处理后事，这时的夏言是兵科都给事中，派他到青羊山来无非是明赏罚、核功罪、消除后患。由此，夏言上了太行山，来到青羊山。当时的颠簸之苦不说了，夏言倒也是一个不偷懒的人，在太行山里转了一个圈，该去的地方都去了，在当时这样一个官员，实属不易。他给皇帝上了几道疏，一是明赏罚；二是添兵备；三是设县治。夏言所到之处，当地民众并不买帐，他自己也感到当地民众“仍旧潜匿，不肯出见”，“地方人心，亦甚汹汹”。为大明江山着想，他也算殚精竭虑。所以他说：“寇虽平，险未夷，兹固逋逃薮也，数十年后必有据之以为乱者……青羊地险民悍，苟不因而县之，害未已也。”

嘉靖皇帝准了夏言的奏，批准将潞州升为潞安府，取“剿平逆寇，地方驯顺”之意设立平顺县，并以“长治久安”的期望设立长治县。夏言亲自将青羊村选为平顺县的县治所在，割潞城16里、黎城5里、壶关10里，共计31里为平顺县版图。据传，平顺县衙开始办公的时候，知县一边断案，一边伸手摘后山上的酸枣吃。

夏言意犹未尽，也为明王朝万年之利着想，又设王斗崖、蟠溪峰、白云谷三处巡检司，玉峡、虹梯两关。这时的夏言文人诗兴大发，亲撰了虹梯关铭并书丹，立碑于虹梯关。不过，也有不尽如人意处，正在立碑的时候，严嵩在嘉靖皇帝面前说他在太行山为自己树碑立传，这一下引起嘉靖皇帝的猜疑，他只好半途作罢。到他离开平顺的时候，那碑也才立了一半。不过那碑文之楷书写得五寸见方，笔法流畅，刚劲有力，也见夏言风骨。

## 呼吸民俗

**四景车**　四景车通高13米，上下共分四个部分组成：第一部分是车棚。含轮、轴、辕、箱、墙板、地平板等，轮为铁花轮，直径1.52米，其余皆用木材制成。不同的是，别的车是一辆车两根辕，用一头牛驾车；四景车是一辆车只置一根独辕，却用两头牛驾。此谓一景。辕头上设置的供驾车用的牛肩杆，不是固定在辕头上的，它是用3根约5厘米粗、90厘米长的湿榆木棒、3个铁箍、4个木楔做成的木椇，用连环套的方法套上去

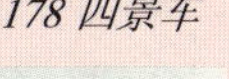
178 四景车

的，既可随意活动，又不会脱辕。此谓二景。车辕长4.71米，粗0.34×0.34米，辕头17.2×17.2厘米，车棚长2.1米，宽1米，车厢长1.7米，地平板长1.8米、宽1.4米、厚4厘米；墙板长3.5米，宽20厘米，厚4厘米，共4块，夹在地平板左右两边。

第二个部分叫盆。中心方形主架，长宽54厘米，高2.66米。主架上部装置4坡式屋坡，坡上有彩围栏叫盆，盆内套一个小盆，大盆宽2米，小盆宽1.54米。盆上空，留做容护车队员的位置。盆的下端接8根拨梯杆，杆长2米，粗约5厘米，其中4根和主架四角垂直，4根打叉绑在一起，四足蹬开和主架绑在一起，把主架加高约60厘米，以防往地平板上安装时用麻绳捆绑往四角拉拽把主架扯撒。车盆是直立在地平板上的，地平板上不开榫卯，仅用12根麻绳捆绑固定，看似危险，却是安全。此谓第三景。

第三部分叫车楼。主嘉和第二部分相同，高2.64米，下部四面为直棂方格门，中部为四坡式屋坡，檐下有垂绫，上部有大山、小山、龙布、兽头等。楼的主架是接在盆的主架上边的，其结点也不开榫卯，是四根木框架，头多头衔接在一起用四根麻绳绑扎固定的。此谓第四景。四景车的四景，并非车本身有四处景观，而是先人们的四处巧妙的设计，独到的工艺。

第四部分称桅杆，是车的最上部位，高3.8米，用3根竹竿制成，绑在龙布、兽头等的中心，扎三个彩球，最上端插一对雉尾棂子，长约1.5米左右。

此外，车前面还需套两头梢牛，置两条20米长、5厘米粗的麻绳，以备人拉车用，车左右、后面备6条大绳，叫牵绳，以备下坡或道路不平车摇晃时做护车用。四景车通体用彩色的丝绸扎制。

## 诗词歌赋

### 青羊卧月

申朝聘

北峙崇冈胜概雄，
森森松柏获提封。
奇花艳丽天然胜，
怪石层罗地势雄。
满眼春芳佳景异，
一林秋色影疑同。

*179 奇花艳丽*

晴空遥望山形状，
俨若青羊卧月中。

## 彩凤仪春

面对南山似凤翔，
翩跹览德耀辉光。
曾仪大舜贞祥现，
鸣显文王治化长。
锦绣灵形栖盛地，
文明山象类朝阳。
贤侯仁政追黄霸，
东睹提扶庆圣王。

## 梵宇神登

申 锐

矗突危峰倚碧空，
何年肇建梵王宫。
时辟宝地鸣清磬，
日见香云绕翠松。
灿烂金灯光佛座，
玄微石洞显神功。
登临殊觉非凡世，
疑入蓬莱境界中。

## 宿宝岩寺

牛 倬

岩间清梦醒，

180 太行水乡恐龙谷

窗外白云飞。
理乱浑无觉，
钟声八翠微。

## 题龙门山寺

孙 墩

涧水激潺溪，
危峰百丈俏。
山僧道心真，
缔构甚殊妙。
殿阁开峥嵘，
丹碧互相照。
我来虽抱檄，
乃得尘外笑。
秋声起岩壑，
宛若苏门啸。
下步穷水源，
高摄白云杪。
岂期俗士驾，
放日一览眺。

微官安足荣，
归欤从荷蓧。

## 游海会寺登虹梯漫吟

石鼎臣

曲径盘旋直接天，
梵王宫阙白云边。
两山滴翠袈裟冷，
一道溪流几席汧。
花落鸟啼僧舍寂，
香清茶熟客亭宣。
几度坐来尘念息，
愿抛书剑学金仙。

## 庙　寺

刘　徵

孤村古庙半荒残，
剥啄蓬门夜不关。
人过胆寒防虎踞，
月移光影照神颜。
尘封座上凭风扫，
草积阶除待火删。
建筑依稀年代远，
当时民力想余闲。

## 拎回惬意

**平顺花椒**　平顺是“中国大红袍花

181 平顺花椒

椒之乡”，年产量达300余万斤。大红袍花椒是山西名特优产品，距今已有1300多年的栽培历史。其特点是：皮层厚、香味浓、油性大、颜色鲜，晒干后放三、五年香味不减，不生虫，人称“十里香”。平顺花椒主要品种有：大红袍、小椒、臭椒、白沙椒等，尤以大红袍为佳。主要产区为中王井留村浊漳河沿岸两乡一镇。目前，由大红袍公司生产加工的花椒油、花椒芽菜等系列调味品畅销全国十余个省市。

**平顺党参**　党参因其产于上党而

182 潞党参

得名。因上党为潞州又称为“潞党参”。党参具有补中益气、生津止渴、养血强身之功效。中医用于治疗脾肺气虚、声音低微、懒言短气、四肢无力、食欲不佳及血虚痿黄等症。

平顺党参以参条粗大、皮肉紧、质柔润、味道甜、营养全而著称。由日新制药厂生产的“党参口服液”系列产品深受广大消费者青睐。

## 名吃物语

**和子饭** 取当地产小米、小虫豆角、三合面、南瓜、土豆小火熬炖而成，五味浓香，营养丰富，有润肺和胃，滋阴补肾的功效。

*183 和子饭*

**土豆饼** 土豆在平顺栽培历史悠久，种植面积约 3 万亩。主要分布在县城东南部高寒山区。土豆淀粉含量达 20%左右，有补气、健脾、和胃、消炎之功效。取土豆削皮洗净，用擦扳削丝，拌

*184 平顺土豆筵*

少许面糊，放入葱花、食盐等调味，充分搅匀，用俗称“鏊子”煎烤，香脆可口，老少皆宜，久食不厌。

**炒小米** 食用小米以粥为多，炒小米为平顺一种特色小吃，用开水将小米煮几分钟，以手能将米粒轻揉至碎为易，捞出后将水空干，切红萝卜块丁、蒜苔、鸡蛋炒出即可，色泽金黄、味美可口。

## 住宿坐标

**聚宾膳乐园** 位于平顺县城青羊街。

食：可同时容纳 160 人用餐，其中雅间 9 间。

*185 聚贤膳乐园外景*

宿：现有床位 14 张。全为双人标间。

联系电话：0355—8922050

**青羊大厦**　位于平顺县城青羊街。

食：可同时容纳 180 人用餐。其中雅间 6 间。

宿：现有床位 145 张。其中标间 10 间，15 个床位。

联系电话：0355—8925703

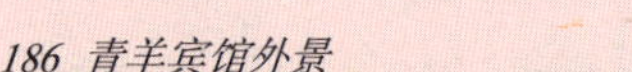

186 青羊宾馆外景

**平顺宾馆**　位于平顺县青羊街。

食：可同时容纳 500 人用餐，其中雅间 13 间。

宿：现有床位 75 张。其中标间 24 间，44 个床位。

联系电话：0355—8921132

187平顺宾馆外景

## 我陪你游

**平顺县旅游线路简介：**

天台庵、大云院、淳化寺、龙门寺与佛头寺、回龙寺、夏禹神祠这四处全国是点文物保护单位和三处山西省重点

188 平顺雕塑“太行之星”

文物保护单位分布在“太行水乡风景区”沿岸，闻名世界的河南“红旗渠”在此延绵20.5公里，“甘林”公路由西向东横穿而过，西接平顺、潞城，向东可通往河北涉县、河南林州，交通便利，是平顺古建筑最集中的地方。

明惠大师塔和虹梯关铭，位于虹霓大峡谷景区，距平顺县城33公里，依邻山西八大名关之一的“虹梯古关”和晋豫千年古道。四周千峰壁立，峡谷幽深，风景宜人，交通便利。

金灯寺位于县城东南方向50余公里，是平顺主要文物景观之一。周边有玉峡关，青龙洞，八道水等，登临山巅，可俯瞰中原，是一处理想的避暑胜地和宗教景区。

全国重点文物保护单位九天圣母庙，位于县城西北12公里处，距长治市25公里。九天圣母庙传统庙会（农历四月初四），规模宏大，历史悠久，文化内涵丰富。该区域（俗称“五区”）还有省级重点文物保护单位北甘泉圣母庙、北社三嵕庙、北社在禹庙、西青北大禹庙，是平顺县域元代建筑最为集中的地方。

旅游咨询用服务电话：

0355-8925906/8981209

旅游监督投诉电话：

0355-8925293

**乘车路线及里程：**

太原——长治（194公里）——平顺（37公里）[全程高速]

安阳——林州——平顺太行水乡

邯郸——涉县——潞城——平顺（32公里）

焦作——晋城——长治（全程高速）——平顺

**门票：**

大云院：10元

金灯寺：10元

九天圣母庙：5元

189 平顺县旅游资源分布图

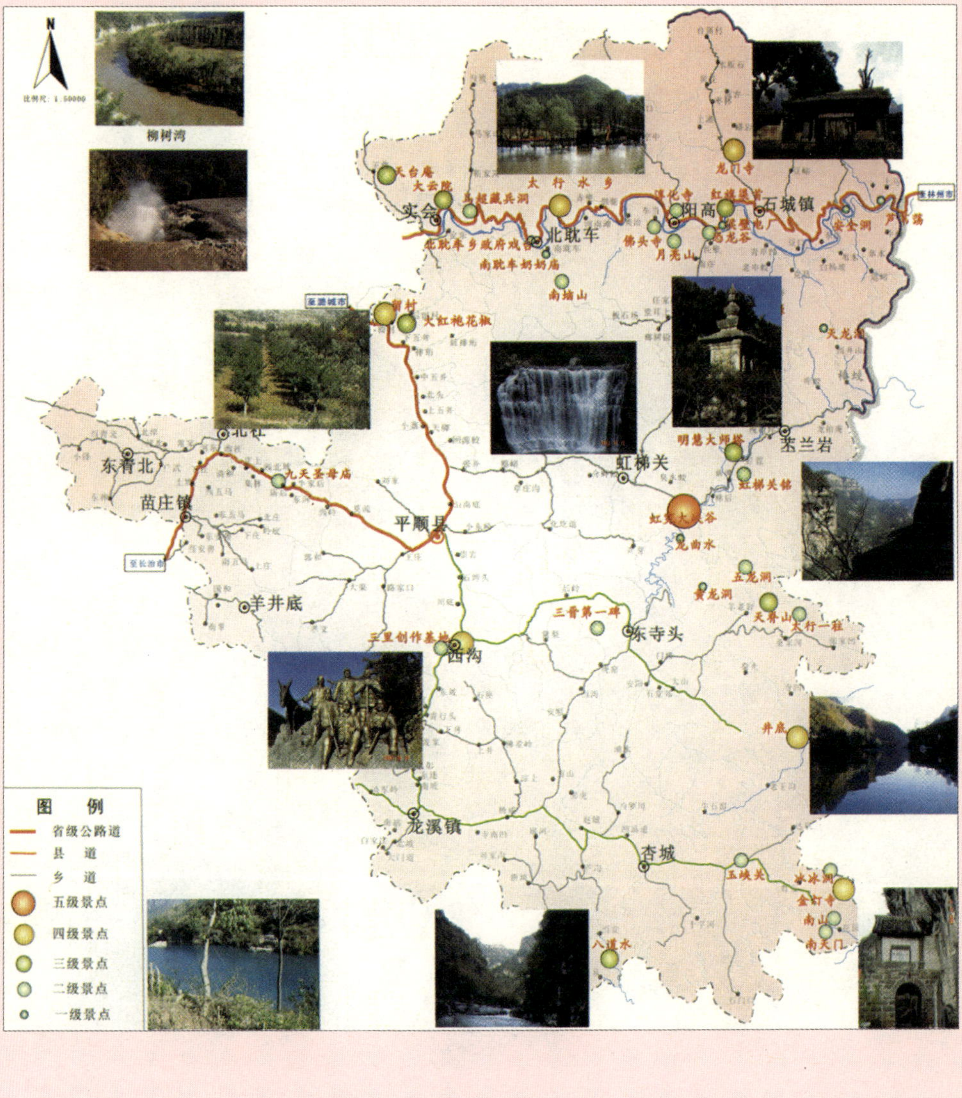

比例尺：1:50000

柳树湾

图 例

省级公路道

县 道

乡 道

五级景点

四级景点

三级景点

二级景点

一级景点

石城镇

阳高

北耽车

实会

虹梯关

苤兰岩

平顺县

北社

东青北

苗庄镇

羊井底

东寺头

西沟

龙溪镇

杏城

天台庵

大云院

太行水乡

龙门寺

源化寺

虹霓峡谷

佛头寺

月光山

安全洞

南坳山

神龙湾

大红袍花椒

九天圣母庙

明慧大师塔

虹梯关铭

龙曲水

五龙洞

黄龙洞

天脊山

太行一柱

三晋第一碑

三里创作基地

井底

玉峡关

水冰洞

金灯寺

南山

南天门

八道水

至长治市

至林州市

190 山西省热点旅游景区示意图

大同市
善化寺
华严寺
九龙壁
世界文化遗产云冈石窟
大同火山群
北岳恒山风景名胜区
浑源悬空寺
灵丘觉山寺 曲回寺
应县木塔
万家寨 老牛湾
朔州崇福寺
朔州市
雁门关·长城
代县阿育王塔 边靖楼
宁武芦芽山自然保护区
五台山风景名胜区
定襄河边民俗博物馆（阎锡山旧居）
忻州市
太原市
晋阳古城遗址
保宁寺窦大夫祠
龙山石窟
晋祠·天龙山风景名胜区
盂县大王庙
阳泉市
娘子关
晋中市
榆次老城 常家庄园
大寨
太谷曹家大院 孔祥熙旧居
祁县乔家大院 渠家大院
世界文化遗产平遥古城
介休绵山风景区
灵石资寿寺 王家大院
方山北武当山风景名胜区
交城庞泉沟自然保护区
碛口古镇
离石安国寺
交城玄中寺 卦山
吕梁市
文水则天庙
柳林香严寺
汾阳太符观
酒都杏花村
石楼兴东垣东岳庙
隰县千佛庵（小西天）
霍州州署大堂
蒲县柏山东岳庙
洪洞广胜寺 大槐树 苏三监狱
吉县黄河壶口瀑布风景名胜区
临汾市
尧庙 临汾牛王庙戏台
襄汾丁村遗址 丁村民宅
侯马晋国遗址
武乡会仙观 洪济院
黎城黄崖洞
潞城原起寺
长治潞安府城隍庙 西沟
太行水乡
长治市
平顺龙门寺 大云院
天台庵 明慧大师塔
长子正觉寺
壶关三嵕庙 太行山大峡谷
高平开化寺 游仙寺
陵川南北吉祥寺 龙岩寺 崔府君庙
青莲寺 玉皇庙
晋城市
阳城皇城相府
泽州岱庙
阳城蟒河自然保护区
稷山青龙寺
新绛绛州大堂 绛守居园池
万荣东岳庙 后土庙 稷王庙
沁水历山自然保护区
闻喜裴柏村裴氏祠堂
泛舟禅师塔
运城市
夏县司马光墓 禹王城遗址 地窨院
永济蒲津渡与蒲州故城遗址
普济寺 黄河铁牛 鹳雀楼
解州关帝庙
芮城永乐宫 城隍庙 广仁王庙 大禹渡

## 图版索引

（前为序号，中为图版说明，后为该图所在页码）

**图书在版编目（CIP）数据**

古韵平顺／郭俊民著. —太原：山西古籍出版社，2006.5

（人说山西丛书）

ISBN 7-80598-738-6

Ⅰ. 古… Ⅱ. 郭… Ⅲ. 佛教—寺庙—简介—平顺县 Ⅳ. B947.225.4

中国版本图书馆CIP数据核字（2006）第044705号

## 古韵平顺

| | |
|---|---|
| 著　　者：郭俊民 | 网　　址：WWW.sxskcb.com |
| 责任编辑：任如花 | 经 销 者：新华书店 |
| 责任印制：李佳音 | 承 印 者：山西臣功印刷包装有限公司 |
| 出 版 者：山西古籍出版社 | 开　　本：787mm×960mm 1/16 |
| 地　　址：太原市建设南路15号 | 印　　张：9.5 |
| 邮　　编：030012 | 字　　数：148千字 |
| 电　　话：0351-4922220（发行中心） | 印　　数：1-2500册 |
| 0351-4956036（综合办） | 版　　次：2006年5月第1版 |
| E-mail：Fxzx@sxskcb.com（发行中心） | 印　　次：2006年5月第1次印刷 |
| Web@sxskcb.com（信息室） | 定　　价：30.00元 |

中国男女同工同酬首倡者、全国著名劳模、惟一的一至十届全国人大代表申纪兰题词

保护文物是中华
民族的传统美德

申纪兰
2005.7.